Sinnvolle Vertretungsstunden

# Stunden aus dem Handgelenk

## Sinnvolle Beschäftigungen und Vertretungsstunden

Verlag an der Ruhr

# Impressum

**Titel:** „Stunden aus dem Handgelenk"

**Autor:** Wolfgang Hund

**Redaktion:** Simone Wolff

**Druck:** Druckerei Uwe Nolte, Iserlohn

***Verlag an der Ruhr***
Postfach 10 22 51, 45422 Mülheim an der Ruhr
Alexanderstr. 54, 45472 Mülheim an der Ruhr
Tel.: 02 08 – 43 95 40
Fax: 02 08 – 439 54 39
E-Mail: info@verlagruhr.de
www.verlagruhr.de

**Verlag an der Ruhr 1997**
**ISBN 3-86072-315-4**

Die Schreibweise der Texte folgt der reformierten Rechtschreibung.

# Inhalt

# Vorwort

*Liebe Kollegin, lieber Kollege,*

mit dem ersten Band der „Sinnvollen Vertretungsstunden" halten Sie eine Fundgrube mit „Schmankerln" (wie wir in Bayern sagen) in Händen.
Es handelt sich durchweg um erprobte Einheiten, die unabhängig von einer bestimmten Jahrgangsstufe oder einem bestimmten Stoffgebiet „isoliert" möglich sind – ohne große Vorbereitungen oder Materialaufwand.
Auswahlgesichtspunkte waren:

- Förderung im sprachlichen Bereich
- Spielerische Formen zur Steigerung der Sozial- und Selbstkompetenz
- Konzentrationsschulung
- Einsatzmöglichkeit auch in unbekannten Klassen
- Durchgehend hoher Aktivitätsgrad der Schüler und damit Lehrerdezentrierung
- Wenig Aufwand von Seiten des Lehrers bei der Vorbereitung (viele Einheiten können kopiert griffbereit liegen)
- Spaß für Schüler und Lehrer (was ja nichts Unanständiges ist!)
- Einsatzmöglichkeiten nicht nur bei Vertretungsstunden, sondern auch in der eigenen Klasse (mit den Schwerpunkten der ersten drei o.a. Punkten)
- Variable Möglichkeiten in Bezug auf die vorhandene Zeit
- Geringer Bekanntheitsgrad der angeführten Bereiche (und deshalb so gut wie keine Gefahr, dass die Vertretungsklasse ruft: „Kennen wir schon!")
- Ansprechende Gestaltung von Arbeitsblättern, die zum Weiterarbeiten anregen

Sicher werden Sie entdecken, dass viele Materialien sich damit auch für die Freiarbeitsecke in Ihrer eigenen Klasse eignen oder für die Zeiten, in denen Sie selbst gesundheitlich angeschlagen eigentlich ins Bett gehörten und trotzdem ...
Selbstverständlich sind viele (eigentlich fast alle) Unterrichtsideen auch in der Sekundarstufe I einsetzbar.

Die Logos auf den Seiten sagen Ihnen:

– für welchen Fachbereich sich die jeweilige Einheit anbietet, z.B. (Deutsch, Kunst)

– für welche Klassenstufe die Übung oder das Spiel geeignet ist, z.B.

| 1 | 2 | 3 | 4 |
|---|---|---|---|
| | X | X | X |

– ob sich die Beschäftigung in der ganzen Klasse
in der Gruppenarbeit
für Partnerarbeit
oder in Einzelarbeit
sinnvoll einsetzen lässt.

Ich wünsche Ihnen und Ihren Schülern so viel Freude am Ablauf der Stunden und an den Ergebnissen, wie ich sie hatte!

*Wolfgang Hund* Hersbruck, April 1997

| 1 | 2 | 3 | 4 |
|---|---|---|---|
| | X | X | X |

# Wer ist das?

**Lernziele:** Genaues Betrachten und Beobachten; präzise Personenbeschreibungen, treffende Eigenschaftswörter, Beschäftigung auch mit Mitschülern außerhalb des engen Freundeskreises, Stärkung der Klassengemeinschaft, Sensibilisierung für Kleinigkeiten, Empathie, sich gegenseitig besser kennen lernen, erfahren, wie man von anderen eingeschätzt wird

**Dauer:** Je nach Klassengröße, mindestens 45 Minuten

**Material:** „Steckbriefe" (Kopiervorlage S. 7) für alle Schüler, Schreibstifte

**Vorbereitung:** Kopiervorlage im halben Klassensatz kopieren, Kopien in der Mitte durchschneiden.

**So geht es:**

➡ Am besten geben Sie den SchülerInnen ein Beispiel vor: „Ich habe hier den Steckbrief einer Person, die ihr alle kennt. Er/Sie ist ... (z.B. LehrerIn/SchauspielerIn/SängerIn/Comicfigur ...)."

➡ Die Schüler und Schülerinnen (schreiben evtl. die von Ihnen genannten Merkmale mit und) versuchen zu raten, wer gemeint sein könnte.

➡ Jeder Schüler erhält nun einen Blankosteckbrief und schreibt seinen eigenen Namen obendrauf.

➡ Einsammeln; gut durchmischen, umgedreht wieder austeilen. Keiner gibt irgendwelche Freuden- oder Missfallensäußerungen von sich, wenn er sieht, wen er beschreiben soll! Beim Ausfüllen nicht auffällig zu der Person hinstarren! Zeit: ca. 10 Minuten.

➡ Einzelnes Vorlesen, Erraten. Wie ist die Beschreibung gelungen? Fehlte etwas Wichtiges? Was hätte man noch hinzufügen können? Ist der Beschriebene einverstanden damit?

**Varianten:** Jeder beschreibt sich selbst; einsammeln, mischen, neu austeilen, vorlesen, zuordnen. Über-/Untertreibungen?

Jeder sucht sich selbst jemanden aus, den/die er beschreiben will. (Dies gibt dem Lehrer gleichzeitig Einblicke in die Soziostruktur der Klasse: Beliebtheit.)

Da die Schüler (aller Altersgruppen) mit ziemlicher Sicherheit Schwierigkeiten haben werden beim genauen Beschreiben einzelner Bereiche, bietet es sich an, direkt danach Wortsammlungen anzulegen für eine spätere Wiederholung. Das Bedürfnis nach Wortschatzerweiterung wird vermutlich aus der Erfahrung des Mangels an treffendem Vokabular bei vielen Schülerinnen und Schülern erwachsen.

| 1 | 2 | 3 | 4 |
|---|---|---|---|
| | X | X | X |

# Wer ist das? (Fortsetzung)

Schon während des Spielverlaufs bewährt es sich, einzelne Schüler vor die Klasse zu stellen (z.B. wenn wenige Aussagen gefunden wurden) und gemeinsam weitere Beschreibungen zu suchen.

Zur Differenzierung können Hilfen gegeben werden:

**Haare:** kurz, lang, mittellang, glatt, lockig, blond, hellbraun, Pony, Zöpfe, Pferdeschwanz ...

**Mund:** schmale Lippen ...

**Ohren:** groß, klein, angewachsene Ohrläppchen ...

**Nase:** klein, groß, breit, schmal, Stupsnase ...

**Gesichtsform:** rundlich, länglich, oval, schmal ...

**Körpergröße:** mittelgroß ...

**Besonderheiten:** buschige Augenbrauen, Sommersprossen ...

**Eigenschaften:** hilfsbereit, freundlich, still, redefreudig, laut, leise, kameradschaftlich, schnell, gut in Mathe, sportlich, fleißig, genau, arbeitet sorgfältig, tierlieb ...

Im Anschluss an diese Vertiefung sollte die Spielform nochmals durchgeführt werden (keine Langweile, weil ja ein neuer Partner beschrieben wird), damit der Lernfortschritt deutlich vor Augen kommt.

Eine weitere Ausweitungsmöglichkeit (möglichst an einem anderen Tag) besteht in der Durchführung der Sequenz „Wo ist Monika?" (Seite 8). Dabei geht es auch um das genaue Beschreiben der Kleidung, was hier ausgespart sein sollte.

Wer will, kann versuchen, die zu beschreibende Person zusätzlich zu porträtieren.

# Wer ist das?

**Beschreibe** ____________________

Denke bitte daran: Keine verletzenden, beleidigenden Aussagen aufschreiben!

Aussehen (keine Kleidung!):

______________________________

______________________________

______________________________

Eigenschaften:

______________________________

______________________________

______________________________

Was tut er/sie gerne? (Hobbys)

______________________________

______________________________

**Beschreibe** ____________________

Denke bitte daran: Keine verletzenden, beleidigenden Aussagen aufschreiben!

Aussehen (keine Kleidung!):

______________________________

______________________________

______________________________

Eigenschaften:

______________________________

______________________________

______________________________

Was tut er/sie gerne? (Hobbys)

______________________________

______________________________

| 1 | 2 | 3 | 4 |
|---|---|---|---|
| X | X | X | X |

# „Wo ist Laura?“

**Lernziele:** Genaues Beobachten und Betrachten, präzises Beschreiben, treffende Ausdrücke, Sensibilisierung für Kleinigkeiten; Bewusstmachen von Wahrnehmungen, Konzentrationssteigerung, Stärkung der Klassengemeinschaft

**Dauer:** mindestens 20 Minuten

**Material:** Tafel und Kreide oder OH-Projektor und Folienschreiber

**Vorbereitung:** Überlegen, wie die zu erzählende Geschichte ausgeschmückt werden soll.

**So geht es:**

➥ Vor Beginn wird, von den anderen möglichst unbemerkt, eine Schülerin/ein Schüler vom Lehrer instruiert, dass er/sie nach dem Erzählen einer Geschichte (auf einen Augenwink hin) ohne Aufsehen das Klassenzimmer verlassen und vor der Türe warten solle.

➥ Folgende Geschichte wird sinngemäß (detailliert, dramatisiert, lokalisiert, individualisiert, ...iert) erzählt: (frei nach U. Wölfel: „Hannes fehlt“)

*„Als neulich eine 1./2./3./4. Klasse einen Wandertag nach XY machte (schulortbezogen), ist etwas Aufregendes passiert. Die Lehrerin hatte gleich beim Abmarsch morgens angefangen, die Schüler immer wieder durchzuzählen: „... 17 – 18 – 19 – 20 – 21 – 22 – 23 – 24 – 25. Alle da. Wir gehen weiter!“ Bei herrlichem Wetter wanderten die Kinder durch Wiesen und Wälder und nach jeder Pause zählte die Lehrerin wieder: „... 21 – 22 – 23 – 24 – 25. Weiter geht es!“ Nach der Besichtigung von Burg Feuerstein sollten die Schüler um $17^{30}$ Uhr vom Schulbus abgeholt werden, da es für den Rückweg zu Fuß zu spät geworden wäre. Nach dem langen Tag bestiegen die Kinder müde den Bus. Die Lehrerin stand an der Türe und zählte wieder einmal: „... 15 – 16 – 17 – 18 – 19 – 20 – 21 – 22 – 23 – 24 –... Einer fehlt! Wer fehlt?“ Drinnen im Bus überlegen die Schüler gemeinsam. Schließlich stellen sie fest: „Laura ist nicht da.“*
*Ein Schüler fragt: „War die heute überhaupt dabei? Ich habe sie überhaupt nicht gesehen!“ Ein anderer meint: „Die ist auch immer so still. Nie sagt die was!“*
*Schließlich werden aber alle unruhig, denn man will ja abfahren und allmählich wird es dunkel. Die Lehrerin läuft zurück in die Burg, um dort nachzuschauen.*
*Plötzlich sehen die Schüler einen Förster mit seinem Hund den Waldweg zum Parkplatz heraufkommen. Nikolas rennt zu ihm hin: „Haben Sie nicht ein Mädchen gesehen? Wir möchten heimfahren, aber Laura ist nicht da!“ Der Förster denkt nach und fragt. „Wie sieht sie denn aus, eure Laura?“*
*Die Kinder überlegen. Hat sie heute einen Rock an oder eine Hose? Einen Pullover oder eine Bluse? Wie sind eigentlich ihre Haare frisiert? Bald diskutiert die Klasse eifrig durcheinander und alle Kinder merken, dass sie eigentlich gar nicht so genau wissen, wie Laura heute aussieht ...“*

| 1 | 2 | 3 | 4 |
|---|---|---|---|
| X | X | X | X |

# „Wo ist Laura?“ (Fortsetzung)

➥ „Augenwink“ zum eingeweihten Schüler, der das Klassenzimmer stumm verlässt.

➥ „Der Förster steht dabei und stellt immer wieder neue Fragen: „Wie groß ist sie denn? Welche Haarfarbe hat sie?“
Schließlich ist aber doch noch alles gut gegangen, denn die Lehrerin kam mit Laura den Burgberg hinuntergerannt. Die Heimfahrt konnte beginnen. Was war passiert? Laura war in der Toilette eingeschlossen worden/in den Burgbrunnen gefallen/vom Schloßgespenst festgehalten worden ...“

„Vorhin ist jemand aus eurer Klasse leise aus dem Zimmer gegangen. Er/sie ist jetzt unsere Laura! Ich bin der Förster ...“

➥ Sammeln von Stichworten an der Tafel oder auf dem OH-Projektor zu:

- Kleidung
- Kopfbereich: Haare (Farbe, Länge, Form ...), Augenfarbe, Mundform ...
- Körpergröße
- besondere Auffälligkeiten: Schmuck, Brille ...

Es ist darauf zu achten, dass keine spöttischen, beleidigenden Äußerungen gemacht werden („Segelfliegerohren“, „Knollennase“ ... – selbst wenn es stimmt!). Charaktereigenschaften nützen in der vorgegebenen Situation nichts.

➥ Sind genügend Merkmale gesammelt, wird der „vermisste“ Schüler hereingerufen. Er/sie darf sich auf eine Bank stellen, wird begutachtet und mit den fixierten Punkten verglichen. Dabei ergeben sich immer erstaunliche Treffer und Fehlschläge.

Dass die Schüler eine sofortige Wiederholung verlangen („Ich möchte auch mal raus!“) ist verständlich. Dazu muss aber ausgeschlossen werden, dass der hinausgehende Schüler von allen intensiv fixiert wird. Also: Die Schüler stehen auf, gehen im Klassenzimmer herum. Auf ein Zeichen hin setzen sie sich auf den Boden, verschränken die Arme auf den Knien und legen den Kopf darauf. Augen zu! Wenn dies gewährleistet ist, geht der Lehrer im Klassenzimmer herum und berührt schließlich ein Kind an der Schulter. Es steht leise auf und verlässt das Zimmer. Jetzt werden die Augen geöffnet:

- Wer fehlt überhaupt? (Nicht sofort herausrufen, sondern nur melden!)
- weiter wie oben ...

| 1 | 2 | 3 | 4 |
|---|---|---|---|
| X | X | X | X |

# Gruppenbildung

**Lernziele:** Gemeinschaftssinn fördern, Empathie, Toleranz

**Dauer:** ca. 10 Minuten

**Material:** Gruppenbildungs-Quartette (Kopiervorlage S. 13) entsprechend der Zahl der SchülerInnen die Ärztekärtchen einmal kopieren, die passenden Patientenkärtchen dreimal; für die Partnerarbeit Wortbildungskärtchen kopieren (Kopiervorlage S. 12)

**Vorbereitung:** Kopieren der Vorlage, Ausschneiden der Kärtchen (evtl. foliieren und auf Karton aufkleben)

*Für viele Formen des offenen Unterrichts werden Kleingruppen benötigt. Meist wird dabei auf die bereits bestehende Sitzordnung zurückgegriffen („Arbeite mit deinem Nachbarn zusammen"). Dies mag oft aus zeitökonomischen Gründen sinnvoll sein, doch sollte zumindest aus sozialerzieherischen Gesichtspunkten ab und zu der Zufall die Zusammensetzung einer (Partner-) Gruppe bestimmen. In einer echten Gemeinschaft müsste jeder mit jedem im Hinblick auf ein gemeinsames Ziel zusammenarbeiten können – ob man die Partnerin nun besonders mag oder nicht. Das soziale Gefüge zahlreicher Klassen, in denen die Lehrkraft bewusst diese sozialen Ziele anstrebt, beweisen die Möglichkeit, die Notwendigkeit und auch die Effektivität entsprechender Maßnahmen.*
***Allerdings:*** *Wenn die Lehrerin die Gruppenbildung übernimmt, gibt es oft heftigen Protest. Auf den Zufall dagegen kann man nicht sauer sein.*

**So geht es:** Auf den folgenden beiden Seiten werden zwei Möglichkeiten zur Zufalls-Gruppenbildung angeboten:

- Für die Partnerarbeit
- Für die Gruppenarbeit (wobei hier nicht nur Vierergruppen möglich sind)

➥ Entsprechend der Zahl der Schülerinnen und Schüler die Anzahl der Gruppen bestimmen (das können/sollen die Kinder selbst übernehmen – echtes Sachrechnen): „Wir sind heute 25 Kinder. Gleich machen wir Gruppenarbeit mit je vier Schülern. Hier habe ich einen Stoß mit Karten, bei denen immer vier zusammenpassen. Wie viele Quartette brauchen wir?"

| 1 | 2 | 3 | 4 |
|---|---|---|---|
| X | X | X | X |

# Gruppenbildung (Fortsetzung)

➥ Die Karten werden verdeckt ausgeteilt; niemand zeigt vorläufig seine Aufschrift einem anderen Schüler.

➥ Auf das Zeichen des Lehrers stehen alle Schülerinnen und Schüler auf und gehen in der Klasse herum (Bewegung!). Evtl. Musikuntermalung.

➥ Suchen der/des Partner(s) nach Anweisung, hier z.B.:

❂ Partnerarbeit: Zwei Wortteile sollen jeweils zu einem sinnvollen Wort zusammengesetzt werden. Die Schüler und Schülerinnen mit zusammenpassenden Wortteilen bilden ein Partnerteam.

❂ Gruppenarbeit: Ein Quartett besteht bei diesem Beispiel aus einem Arzt bzw. einer Ärztin und drei Patienten. Arzt und Ärztin bleiben zunächst auf ihrem Platz sitzen, die Patienten stehen auf, laufen herum und verhalten sich pantomimisch so, dass die ÄrztInnen möglichst eindeutig ihre Beschwerden erkennen können. Haben die MedizinerInnen (Gruppenführer) dies herausgefunden, nehmen sie ihre Patienten bei der Hand, kommen zum Lehrer (der kontrolliert), holen die Arbeitsunterlagen und suchen sich einen Platz im Klassenzimmer zur Bearbeitung.

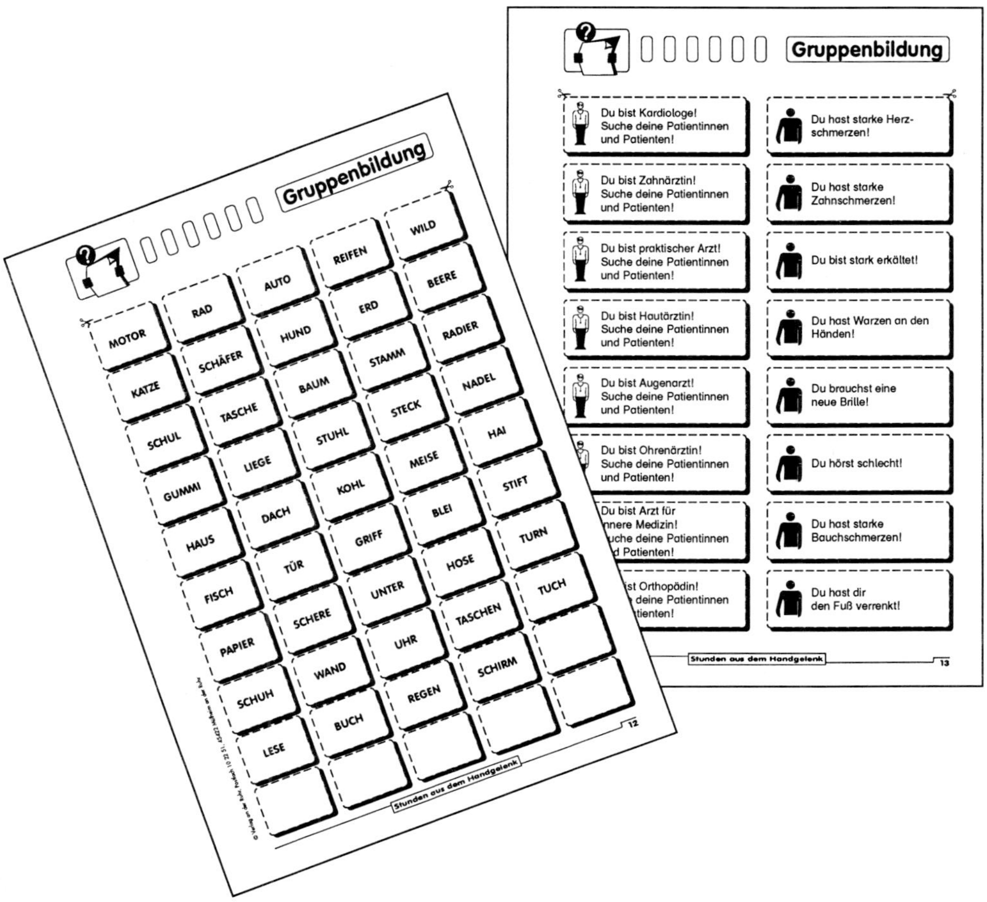

# Gruppenbildung

| | | | | |
|---|---|---|---|---|
| MOTOR | RAD | AUTO | REIFEN | WILD |
| KATZE | SCHÄFER | HUND | ERD | BEERE |
| SCHUL | TASCHE | BAUM | STAMM | RADIER |
| GUMMI | LIEGE | STUHL | STECK | NADEL |
| HAUS | DACH | KOHL | MEISE | HAI |
| FISCH | TÜR | GRIFF | BLEI | STIFT |
| PAPIER | SCHERE | UNTER | HOSE | TURN |
| SCHUH | WAND | UHR | TASCHEN | TUCH |
| LESE | BUCH | REGEN | SCHIRM | |
| | | | | |

# Gruppenbildung

Du bist Kardiologe!
Suche deine Patientinnen und Patienten!

Du bist Zahnärztin!
Suche deine Patientinnen und Patienten!

Du bist praktischer Arzt!
Suche deine Patientinnen und Patienten!

Du bist Hautärztin!
Suche deine Patientinnen und Patienten!

Du bist Augenarzt!
Suche deine Patientinnen und Patienten!

Du bist Ohrenärztin!
Suche deine Patientinnen und Patienten!

Du bist Arzt für innere Medizin!
Suche deine Patientinnen und Patienten!

Du bist Orthopädin!
Suche deine Patientinnen und Patienten!

Du hast starke Herzschmerzen!

Du hast starke Zahnschmerzen!

Du bist stark erkältet!

Du hast Warzen an den Händen!

Du brauchst eine neue Brille!

Du hörst schlecht!

Du hast starke Bauchschmerzen!

Du hast dir den Fuß verrenkt!

| 1 | 2 | 3 | 4 |
|---|---|---|---|
| | X | X | X |

# „Wir sind ein tolles Quartett!“ (Trio/Duo)

**Lernziele:** Einfühlungsvermögen, andere besser kennen lernen, sich eigener Vorlieben/Abneigungen bewusst werden, sie reflektieren und beschreiben, Wir-Gefühl entwickeln; gemeinsam eine Aufgabe erfüllen, Stärkung des Selbstbewusstseins, der Sozial- und Ichkompetenz, mündlichen Sprachgebrauch verbessern

**Dauer:** ca. 45 Minuten

**Material:** für jede Zweier-, Dreier- oder Vierergruppe je ein entsprechendes Arbeitsblatt (Kopiervorlagen S. 15–17), Schreibstifte; evtl. OH-Projektor und die Kopie eines Arbeitsblattes auf Folie

**Vorbereitung:** Entscheidung darüber, in welcher Gruppengröße gearbeitet werden soll; entsprechend oft die jeweiligen Arbeitsblätter kopieren. Eintrag eines darzustellenden Wortes unten bei der „Zusatzaufgabe“: Es ist ratsam, ein Wort mit so vielen Buchstaben zu nehmen, wie Schüler in der Gruppe sind (auf diese Weise kann evtl. jedes Kind einen Buchstaben mit dem Körper darstellen).

**So geht es:**

➥ Zusammenstellen der Gruppen durch Methoden des Zufalls (Vorschläge dazu siehe Seiten 10–13).

➥ Klärung des Ablaufs anhand einer Fotofolie; besonders: Erläuterung der Bedeutung des Wortes „einzigartig“.

➥ Besprechen Sie mit den SchülerInnen exemplarisch die Fragestellungen auf dem Arbeitsblatt (als Beispiel evtl. das Arbeitsblatt mit dem OH-Projektor projizieren).

- Vorlieben
- Abneigungen
- einzigartige Merkmale (die einzelne Punkte oder eben auch eine einzigartige Kombination sein können!)

**Zusatzaufgabe:** Darstellen eines Wortes mit zwei/drei/vier Buchstaben; dabei können die Kinder das Wort sowohl mit ihren Körpern „schreiben“, als auch die Bedeutung pantomimisch darstellen.

**Varianten:** Da die Gruppenzusammensetzung jedes Mal neu ist, kann sofort wiederholt werden (es müssen ja gemeinsame Vorlieben/Abneigungen gefunden werden). Dass dabei dann der Punkt „einzigartig“ immer gleich bleibt, ist selbstverständlich und eben dafür charakteristisch (was auf diese Weise sehr anschaulich wird).

# Wir sind ein tolles Quartett

Das sind zwei Sachen, die wir alle mögen:

1. ______________________________

2. ______________________________

Das sind zwei Sachen, die wir alle nicht mögen:

1. ______________________________

2. ______________________________

Darin sind wir alle einzigartig:

______________: ______________________________
(Name)
______________________________
______________________________

______________: ______________________________
(Name)
______________________________
______________________________

______________: ______________________________
(Name)
______________________________
______________________________

______________: ______________________________
(Name)
______________________________
______________________________

## Zusatzaufgabe

Überlegt, wie ihr den anderen Gruppen folgendes Wort darstellen könnt, ohne dabei zu sprechen: ______________________________

# Wir sind ein tolles Trio

Das sind zwei Sachen, die wir alle mögen:

1. ______________________________

2. ______________________________

Das sind zwei Sachen, die wir alle nicht mögen:

1. ______________________________

2. ______________________________

Darin sind wir alle einzigartig:

______________: ______________________________
(Name)
______________________________
______________________________

______________: ______________________________
(Name)
______________________________
______________________________

______________: ______________________________
(Name)
______________________________
______________________________

## Zusatzaufgabe

Überlegt, wie ihr den anderen Gruppen folgendes Wort darstellen könnt, ohne dabei zu sprechen: ______________________

# Wir sind ein tolles Duo

Das sind zwei Sachen, die wir alle mögen:

1. ______________________________

2. ______________________________

Das sind zwei Sachen, die wir alle nicht mögen:

1. ______________________________

2. ______________________________

Darin sind wir alle einzigartig:

______________: ______________________________
(Name)
______________________________
______________________________

______________: ______________________________
(Name)
______________________________
______________________________



## Zusatzaufgabe

Überlegt, wie ihr den anderen Gruppen folgendes Wort darstellen könnt, ohne dabei zu sprechen: ______________

| 1 | 2 | 3 | 4 |
|---|---|---|---|
|  | X | X | X |

# Telefonieren

**Lernziele:** Situationsangemessen sprechen, kreativer Sprachgebrauch, Grundregeln telefonischer Kommunikation, Analyse von Kommunikationsabläufen

**Dauer:** 45 Minuten

**Material:** Kopien der Rollenanweisungen (Kopiervorlagen S. 19–20), Karteikärtchen, nach Möglichkeit zwei „echte" Telefon-Handapparate (verstärkt enorm den Echtheitscharakter), evtl. Spielzeughandys (mit „Sound")

**Vorbereitung:** Die beiden Blätter mit den Rollenanweisungen kopieren, ausschneiden und auf Karteikarten kleben.

**So geht es:**

➥ Bilden Sie mit den SchülerInnen möglichst einen Sitzkreis.

➥ Zwei Kinder erhalten vom Lehrer die Anweisungen, lesen sie, überlegen kurz und setzen sich bereit. Die Telefone sind noch nicht am Ohr!

➥ Lehrererklärung: „Das ist Lisa. Sie ruft Jonas an." Nachahmung eines Telefonläutens (Fans von „Police Academy" kennen das) – „Verbindung hergestellt!"

➥ Die Telefonsituation soll möglichst echt gespielt werden, bevor das eigentliche Anliegen vorgebracht wird: Sich-Melden mit Namen, Gruß ...

➥ Vielen Kindern fällt es leichter zu reden, wenn sie sich auf ihrem Stuhl umdrehen, sodass sie den Telefonpartner nicht sehen können. Außerdem wird so verhindert, dass Gestik und Mimik eine zu starke Rolle übernehmen.

➥ Die übrigen Schüler haben die wichtige Aufgabe der Beobachter: Wie verläuft das Gespräch? Wie echt war es? Was war geschickt/unecht/positiv ...? Wo hat es im Gespräch eine Wende gegeben? Auch hier kann das Schließen der Augen wichtige Erkenntnisse geben.

➥ Nach einiger Zeit sollte der Lehrer mit einer Handbewegung das Zeichen zur angemessenen Beendigung geben. Verabschiedung ...

➥ **Reflexion:** Sowohl die Spielenden, als auch die Zuhörer geben ihren Eindruck, ihre jeweiligen Gefühle wieder.
Falls das Ergebnis unbefriedigend ist: Wer hat Verbesserungsvorschläge?

**Varianten:** Ausdenken und Fixieren weiterer Anlässe, deretwegen Kinder telefonisch miteinander in Kontakt treten. Schreiben entsprechener Rollenanweisungen für Kinder anderer Gruppen. Vorspielen.

Hinzufügen von Situationen, bei denen überraschend ein automatischer Anrufbeantworter in der Leitung ist (vom Lehrer zu spielen).

# Telefonieren

Du heißt Monika/Max.
Am Nachmittag rufst du
deinen Klassenkameraden
Franz an, um ihn
zum Kindergeburtstag
einzuladen.

Du bist Franz.
Gleich wirst du angerufen
und zu einem Kindergeburtstag
eingeladen.
Das passt dir aber gar nicht,
weil ...

Du bist Franz.
Du rufst Monika an,
weil du das von ihr
ausgeliehene Buch
schmutzig gemacht hast.
Es ist ausgerechnet
das Lieblingsbuch von Monika!

Du bist Monika.
Deinem Freund Franz
hast du dein Lieblingsbuch
ausgeliehen.

Du bist Monika/Otto.
Am Nachmittag rufst du
deine Lehrerin an,
weil du die Rechenaufgaben
nicht verstanden hast.

Du bist eine Lehrerin.

Du bist Franz.
Du rufst deine Oma an.
Zum Geburtstag willst du
von ihr ein Geschenk,
von dem du aber weißt,
dass sie davon
nicht begeistert ist.

Du bist die Oma
von Franz.
Gleich ruft dein Enkelkind
dich an wegen eines
Geburtstagsgeschenks,
das es von dir will. Gerade das
gefällt dir aber gar nicht.

Du bist Monika/Otto
und rufst am Nachmittag
deinen Freund Franz an,
weil du mit ihm ein bisschen
Rad fahren willst.

Du bist Franz.
Gleich wirst du angerufen
und zum Radfahren eingeladen.
Das passt dir aber nicht,
weil du schon
etwas anderes vorhast.

# Telefonieren

Du bist Monika und rufst deinen Klassenkameraden Franz an. Er hat dich heute im Pausenhof so geschubst, dass deine neuen Schuhe beschädigt worden sind.

Du bist Franz.

Du bist Franz
und rufst Monika an,
weil sie etwas Falsches
über dich weitererzählt hat.

Du bist Monika.

Du bist Franz/Monika
und rufst Otto an,
weil du dich sehr über
sein Geburstagsgeschenk
gefreut hast.

Du bist Otto.

Du bist Monika/Franz
und rufst Otto an,
weil du einen ganz tollen Witz
gehört hast,
den du ihm erzählen willst.

Du bist Otto.

Du bist Franz
und rufst Monika an,
weil du dich nicht mehr
so richtig an das Märchen
„Rotkäppchen“ erinnern kannst.
Sie soll es dir
mal schnell erzählen.

Du bist Monika.

| 1 | 2 | 3 | 4 |
|---|---|---|---|
| X | X | X | X |

# Das Abc – einmal anders!

**Lernziele:** Geläufigkeit des Alphabets, Verbesserung der Rechtschreibung, sprachliche Kreativität, Wortschatzerweiterung in speziellen Bereichen, Zusammenarbeit mit anderen

**Dauer:** ca. 45 Minuten

**Material:** Für jede Gruppe eine Tapetenbahn, ca. 1 m lang, evtl. Klebeband, für Einzel- und Partnerarbeit Kopien der Arbeitsblätter (Kopiervorlagen zur Auswahl S. 23–26), Schreibstifte

**Vorbereitung:** Für die Gruppenarbeit das Alphabet in zwei Spalten auf die Tapetenbahnen schreiben; für Einzel- und Partnerarbeit die Kopiervorlagen in (halber) Klassenstärke vervielfältigen.

**So geht es:**

➡ Grundsätzlich sind alle Sozialformen möglich: Einzelarbeit – Partnerarbeit – Gruppenarbeit.

➡ Durchgehende Intention – unabhängig von der gewählten speziellen Form – ist, Wörter zu finden, die mit einem bestimmten Buchstaben des Alphabets beginnen.

**Gruppenarbeit:**

➡ Die Klasse in Gruppen einteilen (bis zu sechs Schüler sind möglich).

➡ Pro Gruppe wird eine Tapetenbahn vom Lehrer mit dem Abc beschriftet (zwei Spalten: A – L und M – Z, wie bei den Arbeitsblättern S. 23–26), irgendwo im Klassenzimmer auf den Boden gelegt, evtl. mit Klebeband befestigt. Da außer dem Alphabet nichts darauf geschrieben wird, ist das Material immer wieder zu verwenden.

➡ Auf ein Zeichen von Ihnen sollen die Gruppen ihre Schultaschen, das Federmäppchen, ihre Hosentaschen, das Klassenzimmer ... nach Gegenständen absuchen, die mit den Buchstaben des Abc beginnen. Es soll jeweils ein Gegenstand an die entsprechende Stelle der Tapete gelegt werden.

Die Buchstaben X und Y (evtl. Q) können ausgespart werden.

➡ Sobald die erste Gruppe fertig ist, wird gestoppt.

➡ Die Gesamtklasse wandert nun von Gruppe zu Gruppe. Ein Schüler einer anderen Gruppe versucht die Zuordnung der Gegenstände zu den Buchstaben (das ist nicht immer einfach: Eine 10-Pfennig-Münze kann bei G (Geld), M (Münze), Z (Zehn), E (Eichenblätter) ... liegen).

➡

| 1 | 2 | 3 | 4 |
|---|---|---|---|
| X | X | X | X |

# Das Abc – einmal anders! (Fortsetzung)

**Einzel- und Partnerarbeit:**

➥ Dazu dienen die Arbeitsblätter der nächsten Seiten. Die Schülerinnen und Schüler sollen sich Wörter überlegen, die zu einem bestimmten Thema passen, und auf den Abc-Arbeitsblättern eintragen.

➥ Die Vorlagen können Sie nach Belieben in den verschiedenen Themenbereichen, die Sie im Unterricht behandeln, einsetzen: das Vornamen-Abc, das Obst-/Früchte-Abc, das Abc des Bäckers, Wald-Abc, Tiere-Abc, Schul-Abc usw.
Als Beispiele vorgegeben finden Sie das Ferien-Abc, das Herbst-Abc, das Advent-/Winter-Abc (siehe Kopiervorlagen).

➥ Die Bearbeitung kann beliebig, vorab allein auf einem Blatt, zu zweit, ... erfolgen.

# Hurra, bald sind Ferien!

A ______________________

B ______________________

C ______________________

D ______________________

E ______________________

F ______________________

G ______________________

H ______________________

I ______________________

J ______________________

K ______________________

L ______________________

M ______________________

N ______________________

O ______________________

P ______________________

Q ______________________

R ______________________

S ______________________

T ______________________

U ______________________

V ______________________

W ______________________

X ______________________

Y ______________________

Z ______________________

# Das Abc zum Thema

A ____________________

B ____________________

C ____________________

D ____________________

E ____________________

F ____________________

G ____________________

H ____________________

I ____________________

J ____________________

K ____________________

L ____________________

M ____________________

N ____________________

O ____________________

P ____________________

Q ____________________

R ____________________

S ____________________

T ____________________

U ____________________

V ____________________

W ____________________

X ____________________

Y ____________________

Z ____________________

# Das Abc zum Thema

| | | | |
|---|---|---|---|
| A | | N | |
| B | | O | |
| C | | P | |
| D | | Q | |
| E | | R | |
| F | | S | |
| G | | T | |
| H | | U | |
| I | | V | |
| J | | W | |
| K | | X | |
| L | | Y | |
| M | | Z | |

# Das Abc zum Thema

Blankovorlage zum Selbstgestalten

A ____________________

B ____________________

C ____________________

D ____________________

E ____________________

F ____________________

G ____________________

H ____________________

I ____________________

J ____________________

K ____________________

L ____________________

M ____________________

N ____________________

O ____________________

P ____________________

Q ____________________

R ____________________

S ____________________

T ____________________

U ____________________

V ____________________

W ____________________

X ____________________

Y ____________________

Z ____________________

| 1 | 2 | 3 | 4 |
|---|---|---|---|
| | X | X | X |

# Blitzlesen: „Gibt es das?“

**Lernziele:** Lesefertigkeit: schnell und richtig lesen, Wortbildungen (zusammengesetzte Substantive, Grundwort/Bestimmungswort), Wortschatzerweiterung, sprachliche Kreativität

**Dauer:** je ca. 10 Minuten, mit produktiver Erweiterung mindestens 45 Minuten

**Material:** Folien mit den Wortlisten (Kopiervorlagen S. 28–31) für den OH-Projektor, evtl. Blankofolien, Abdeckpapier

**Vorbereitung:** Folien von den Kopiervorlagen herstellen

**So geht es:**

➡ Vor dem Einschalten des OH-Projektors wird die Folie aufgelegt und mit einem Blatt Papier so abgedeckt, dass immer nur eine Zeile sichtbar ist.

➡ Erklären des Verlaufs:

- Die Kinder nehmen eine bequeme Sitzhaltung ein, der Blick ist konzentriert nach vorne auf die Projektionsfläche gerichtet.
- Die Lehrerin spricht laut: „Eins – zwei – **und** drei“.
- Beim Wort „und“ wird schnell das Blatt eine Zeile tiefer- und sofort wieder hochgeschoben (das entspricht etwa einer Drittel Sekunde).
  Es blitzen Wörter ganz kurz auf; (Differenzierung der Schnelligkeit des „Blitzes“ nach Lesevermögen der Schüler).
- Der Blick soll nicht zum Anfang des Wortes gehen, sondern in der Mitte (dem senkrechten Strich entlang) bleiben.
  Sofort nach dem Aufblitzen des Wortes entscheiden, ob es das Wort wirklich gibt oder nicht; je nachdem sind eine oder zwei Hände zu heben.
- Kontrolle der hochgehobenen Hände; Aufdecken des Blitzwortes; Bestätigung ... weiter ...

**Varianten:** Wortlisten aus andern Sachgebieten anwenden: Jahreszeiten, Feste, Sachunterrichtsthemen ...

Die SchülerInnen suchen in Gruppen selbst wirkliche oder erfundene, zusammengesetzte Substantive. Dabei soll das „Blitzstammwort“ manchmal Grundwort, manchmal Bestimmungswort sein.

Zentriertes Schreiben der gefundenen Wörter auf Folien (möglichst Druckschrift), unregelmäßig abwechselnd Grundwort/Bestimmungswort (sonst schauen manche Leser nur auf den vorderen/hinteren Teil des aufblitzenden Wortes).

Projizieren der jeweiligen Folien durch die Gruppen selbst (der OH-Projektor heißt genormt eigentlich „Arbeitsprojektor“ → das beschränkt sich nicht auf die Lehrerarbeit!)

# Blitzlesen: „Gibt es das?“

(eine Hand heben: ja
— zwei Hände: nein)

**Tierwärter**
**Tierheim**
**Tierbuch**
**Tierzettel**
**Tierkabel**
**Kabeltier**
**Tiertür**
**Tigerkind**
**Tierkind**
**Haustier**
**Hiertier**
**Tierliebe**
**Trampeltier**
**Tierarzt**
**Tierfreund**
**Autotier**
**Regaltier**
**Tierbuch**
**Tiergarten**
**Tierbaum**
**Baumtier**
**Faultier**
**Tierhändler**
**Tierfell**
**Alltier**
**Tierpark**
**Tierschau**
**Tierschutzverein**
**Vereinstier**

# Blitzlesen: „Gibt es das?“

(eine Hand heben: ja
— zwei Hände: nein)

Osterferien
Sommerferien
Ringferien
Ferientag
Weihnachtsferien
Tigerferien
Blätterferien
Herbstferien
Ferienarbeit
Ferienfüller
Ferienwunder
Fensterferien
Ferienfenster
Pfingstferien
Fernbedienung
Ferienferkel
Ferienspaß
Ferienzug
Ferienwoche
Schulferien
Ferkelferien
Ferdinandtag
Ferienstimmung
Ferienkopf
Ferienende
Ferienschwein
Feriensport
Ferienland
Schulbeginn – endlich wieder!

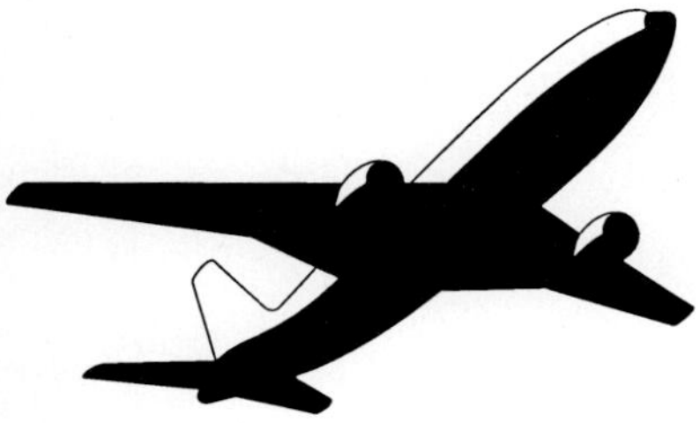

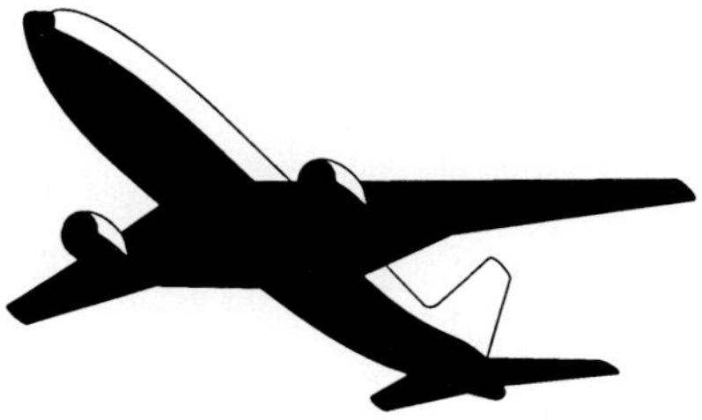

# Blitzlesen: „Gibt es das?“

(eine Hand heben: ja
— zwei Hände: nein)

Herbstanfang
Herbstblume
Herbstkatze
Herbstfüller
Herbstnebel
Herbstbuch
Herbstblatt
Herbstobst
Herbstuhr

Herbstfernseher
Herbstgemüse
Herbstaster
Herbstende
Herbstferien
Herbstschere
Herbstmonat
Herbstbuch
Herbstmode
Herbstkleidung
Herbstfarben
Herbstlineal
Herbsttag
Herbstmensch
Herbstzeitlose

# Blitzlesen: „Gibt es das?“

(eine Hand heben: ja
— zwei Hände: nein)

Weihnachtsabend

Weihnachtsfrosch

Weihnachtszeit

Weihnachtsbett

Weihnachtswürfel

Weihnachtsgeschenk

Weihnachtsschwimmbad

Weihnachtsmann

Weihnachtsteller

Weihnachtssonne

Weihnachtsbaum

Weihnachtsfinger

Weihnachtsfeier

Weihnachtsgras

Weihnachtstopf

Weihnachtsgeschichte

| 1 | 2 | 3 | 4 |
|---|---|---|---|
| | X | X | X |

# „Was wäre, wenn ...?“

**Lernziele:** Denken in Zusammenhängen, vernetztes Denken, einander zuhören können, aktives Zuhören, Empathie, Reflexion über Kommunikationsvorgänge, Kreativität, mündlicher Sprachgebrauch: flüssiges Reden, Diskussionsschulung

**Dauer:** 45 Minuten

**Material:** „Was-wäre-wenn“-Zettel (Kopiervolage S. 33–34), Beutel oder Behälter für die Zettel

**Vorbereitung:** „Was-wäre-wenn“-Vorschlagsblatt kopieren, auseinander schneiden, zusammenfalten und in den Beutel oder Behälter geben.

**So geht es:** Wer träumt nicht ab und zu vor sich hin und stellt sich vor, was wohl passieren würde, wenn ...? (auch als Erwachsener!)
Die folgenden Satzstreifen in Frageform sind als Gesprächsanlässe gedacht und können folgendermaßen eingesetzt werden (in nahezu allen Altersgruppen!):

➥ Bilden Sie mit den Schülerinnen und Schülern einen Sitzkreis.

➥ Die Schüler ziehen aus einem Beutel zusammengefaltete Zettel (s.u.).

➥ Jeder Schüler überlegt sich eine Minute lang, was wohl passieren würde, wenn ... und stellt seine Überlegungen der Gruppe vor.

➥ Die anderen Schüler äußern sich dazu, bringen weitere Überlegungen ein, diskutieren ...

**Varianten:** Ein Kind sagt einen Satz (oder spricht 30 Sekunden lang) zu seiner Frage und ruft ein anderes auf. Dieses sollte

- entweder den/die Gedanken richtig wiederholen („Du meinst also, dass ...“)

oder

- dagegen sprechen: „Du meinst also, dass ... Ich bin aber ganz anderer Ansicht, denn ...“

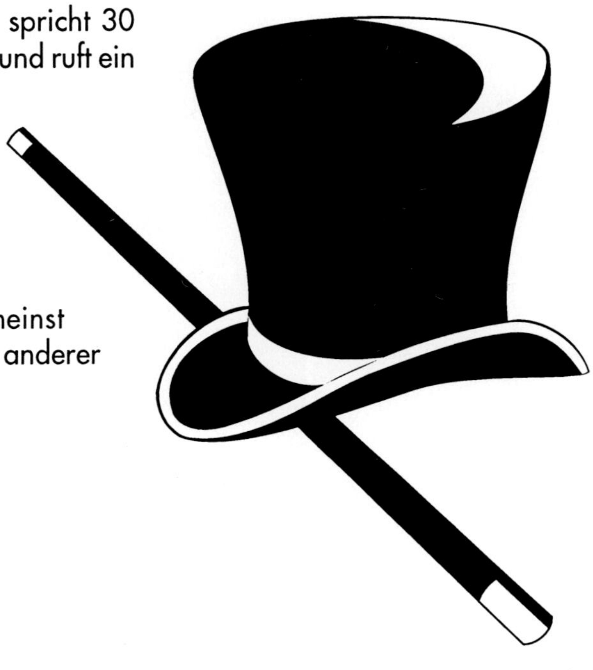

# „Was wäre, wenn ...?“

**Was wäre, wenn ein „echter“ Zauberer ...**

über Nacht alles Benzin in Wasser verwandeln würde?

**Was wäre, wenn ein „echter“ Zauberer ...**

über Nacht alle Schusswaffen kaputtzaubern würde?

**Was wäre, wenn ein „echter“ Zauberer ...**

die Sonne nicht mehr untergehen lassen würde?

**Was wäre, wenn ein „echter“ Zauberer ...**

über Nacht alle Fleisch fressenden Tiere zu Pflanzenfressern verzaubern würde?

**Was wäre, wenn ein „echter“ Zauberer ...**

den Kindern über Nacht die Regierung übergeben würde?

**Was wäre, wenn ein „echter“ Zauberer ...**

über Nacht die Elektrizität wegzaubern würde?

**Was wäre, wenn ein „echter“ Zauberer ...**

die Schulen verzauberte, sodass die Schüler bestimmen würden, was geschieht?

**Was wäre, wenn ein „echter“ Zauberer ...**

den Kindern die Möglichkeit geben würde, sich einmal am Tag eine halbe Stunde lang unsichtbar zu machen?

# „Was wäre, wenn ...?“

**Was wäre, wenn ein „echter“ Zauberer ...**

**Was wäre, wenn ein „echter“ Zauberer ...**

den Wind auf der ganzen Welt wegzaubern würde?

**Was wäre, wenn ein „echter“ Zauberer ...**

alle Stifte, Schreibwerkzeuge auf der Welt so verzaubern würde, dass sie nicht mehr schreiben?

**Was wäre, wenn ein „echter“ Zauberer ...**

allen Haustieren einmal am Tag eine halbe Stunde die Möglichkeit geben würde, sprechen zu können?

**Was wäre, wenn ein „echter“ Zauberer ...**

alle Menschen so verzaubern würde, dass sie nur noch flüstern könnten?

**Was wäre, wenn ein „echter“ Zauberer ...**

allen Menschen himmelblaue Haare zaubern würde?

**Was wäre, wenn ein „echter“ Zauberer ...**

alle Lehrer so verzaubern würde, dass sie im Unterricht nur noch singen könnten?

**Was wäre, wenn ein „echter“ Zauberer ...**

so zaubern würde, dass alle Menschen über 30 gleich viel Geld verdienen würden?

| 1 | 2 | 3 | 4 |
|---|---|---|---|
| X | X | X | X |

# Erzählsterne

**Lernziele:** Kreatives Ausdenken von Reizwortgeschichten, spannendes, anschauliches Erzählen, gemeinsames, gleichberechtigtes Arbeiten, freiwilliges schriftliches, stichwortartiges Fixieren der Ergebnisse, Verstehen einer Spielanleitung

**Dauer:** 45 Minuten

**Material:** Je Gruppe (3–4 Schüler) ein Anweisungsblatt (s.u.), ein Blatt mit den Wortsternen (Kopiervorlage S. 36), ein Würfel

**Vorbereitung:** Fotokopieren der Arbeitsblätter

**So geht es:** siehe Anweisungen auf dem Schülerarbeitsblatt (Kopiervorlage s.u.)

## Spielregeln:

1. Ihr erhaltet einen Würfel. Mit dem ersten Wurf bestimmt ihr einen der Sterne (1 bis 6).

2. Würfelt noch dreimal! Damit habt ihr drei Wörter dieses Sterns bestimmt. Denkt euch nun gemeinsam eine Geschichte aus, in die ihr diese Wörter so einbaut, dass sie in die Handlung passen und gar nicht auffallen! Entscheidet euch vorher, welche Art von Geschichte es sein soll:
   - eine Kriminalgeschichte?
   - ein Märchen?
   - eine ganz lustige Geschichte oder eine ganz traurige?
   - eine Geschichte, die wirklich so passiert sein könnte?
   - eine unmögliche Geschichte?
   - eine Zeitungsmeldung?
   - eine Tiergeschichte?

   Übt die Geschichte so ein, dass sie auf Tonband aufgenommen werden kann! Überlegt, wer von euch was erzählt. Jeder sollte beteiligt sein!

3. Könnt ihr das auch mit **allen Wörtern** eines Sterns? Würfelt nochmal!

# Erzählsterne

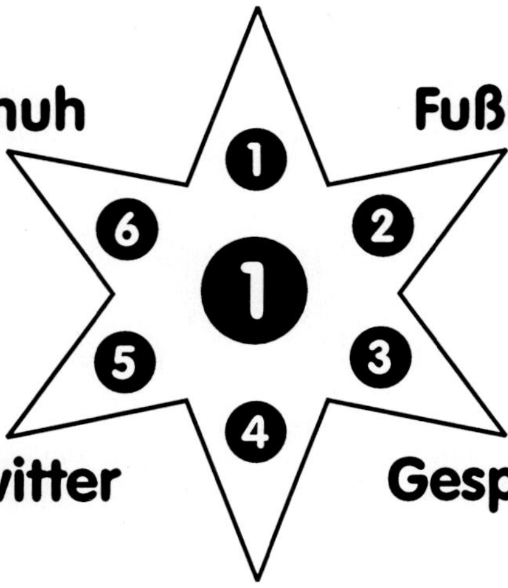


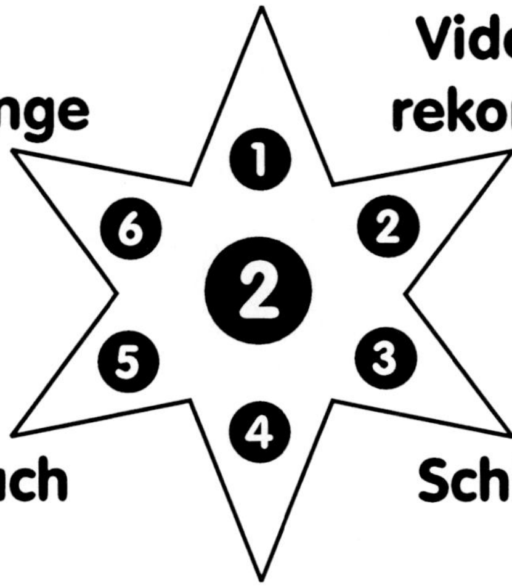


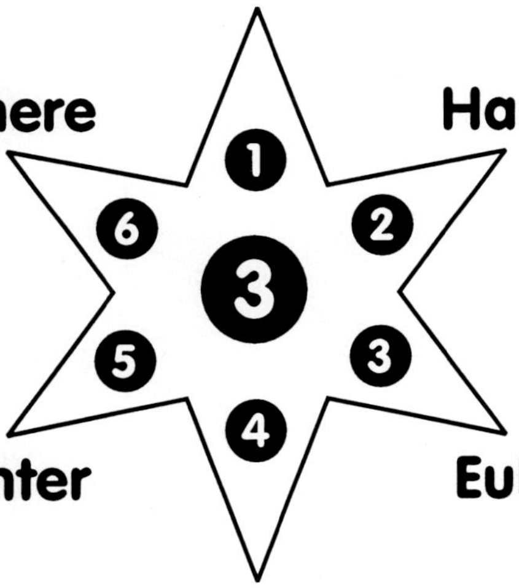


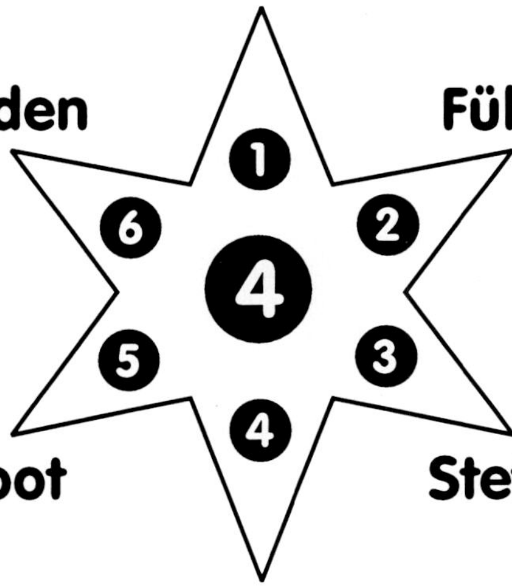


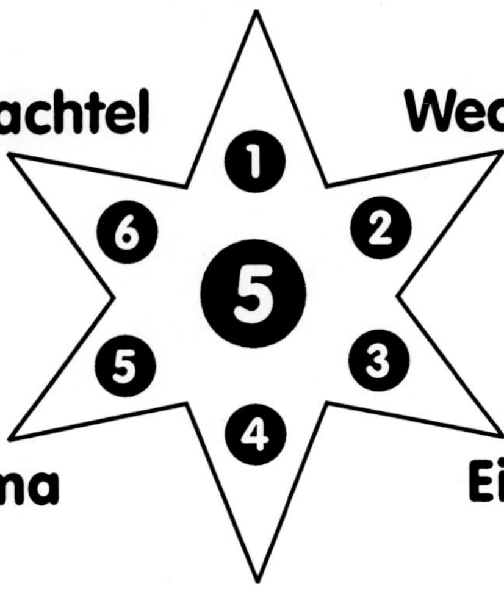


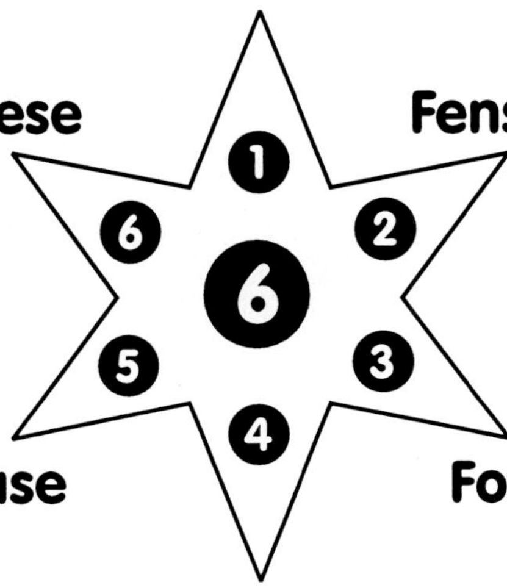

| 1 | 2 | 3 | 4 |
|---|---|---|---|
| | X | X | X |

# Würfelgeschichten

**Lernziele:** Aus Reizwörtern Geschichten machen, mündlich packend, anschaulich, konkret, ... erzählen, literarische Gattungen nachempfinden, mit anderen zusammenarbeiten, Kreativitätsschulung

**Dauer:** 45 Minuten

**Material:** Pro Gruppe ein kopiertes Blatt (Vorlage S. 39) mit vorbereiteten Würfelnetzen (bereits mit Reizwörtern versehen) und/oder leere Netze (Vorlage S. 41), die Sie nach eigenen Wünschen (z.B. im Hinblick auf ein aktuelles unterrichtliches Thema) gestalten; je eine Kopie des großen Würfelnetzes, möglichst auf farbigen Papier

**Vorbereitung:** Kopiervorlagen entsprechend der Gruppenanzahl kopieren. Die Würfel sollten selbstverständlich von den Schülern gebastelt werden! Sie können anschließend in einer großen Schachtel die Freiarbeitsecke bereichern.

**So geht es:**

➡ Das große Würfelnetz ergibt einen Würfel, der die Art der geforderten Geschichte vorgibt.
Mit den kleineren Würfeln (drei oder auch sechs) werden Reizwörter gewählt, die in eine Geschichte möglichst unauffällig einzubauen sind.

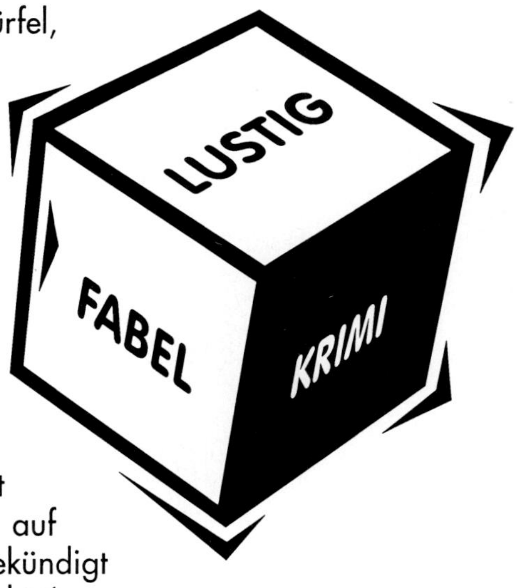


➡ Die (Partner-) Gruppe gestaltet gemeinsam und verteilt auch die Erzählerrollen.

➡ Vortrag vor der Klasse; möglichst gleichzeitig Aufnahme mit Mikrofon auf Tonbandkassette (dies sollte vorher angekündigt sein, damit die Anstrengung entsprechend ist).

**Variante:** Mit allen Würfeln zusammen kann im Sitzkreis (ganze Klasse) eine gemeinsame Geschichte entstehen: Jeder Schüler erhält einen Würfel. Wenn die Reihe an ihm ist, würfelt er und versucht, eine im Entstehen begriffene Geschichte damit weiterzuführen. Auch hierbei sollte die Art der Geschichte vorher festgelegt sein. Der Würfel wird dann am Boden an die bereits dort liegenden angelegt. Wer schafft es zum Schluss, nochmals anhand aller Würfel die ganze Geschichte zu erzählen?

# Würfelgeschichten

Würfelnetz zum Ausschneiden

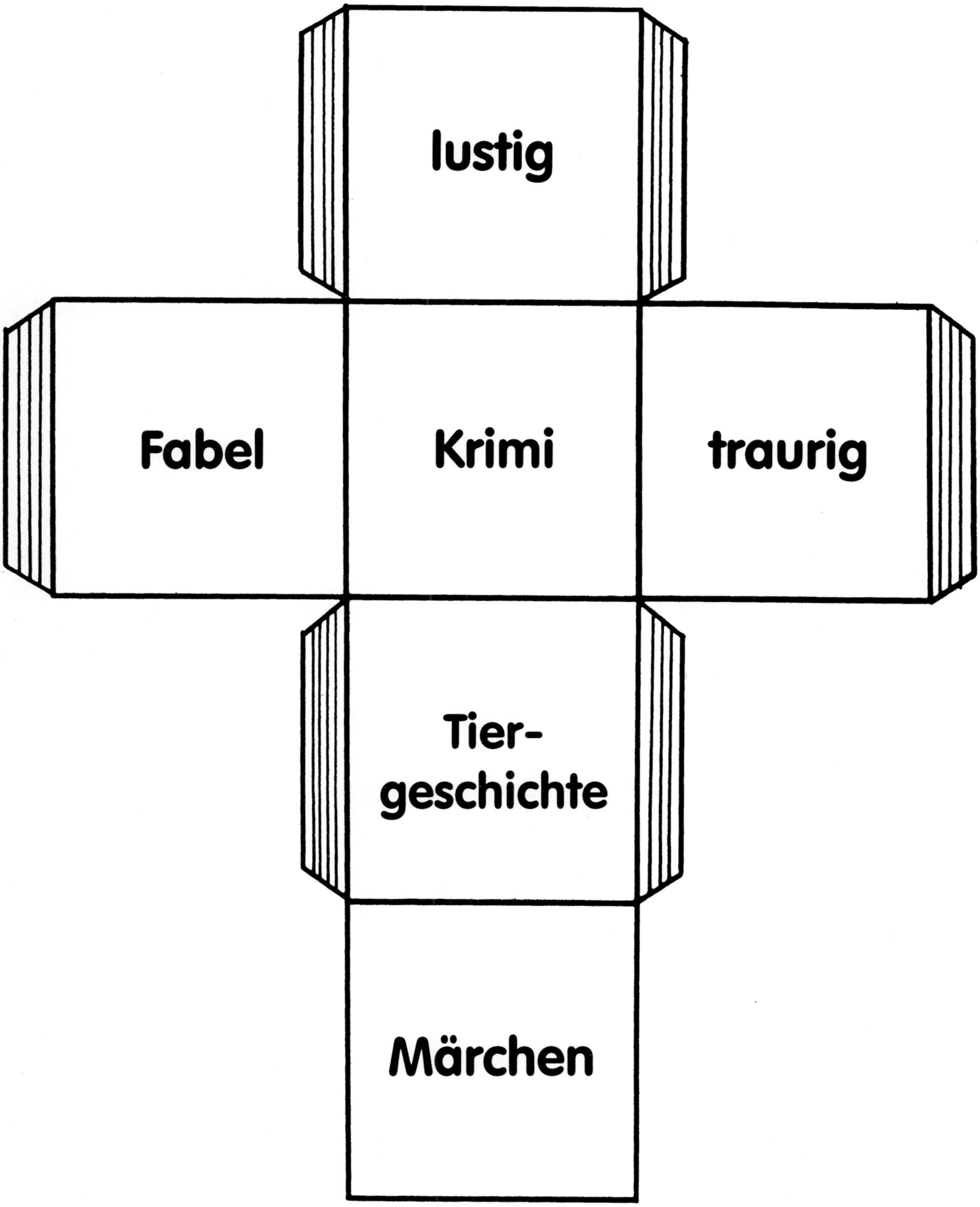

# Würfelgeschichten

Würfelnetz zum Ausschneiden

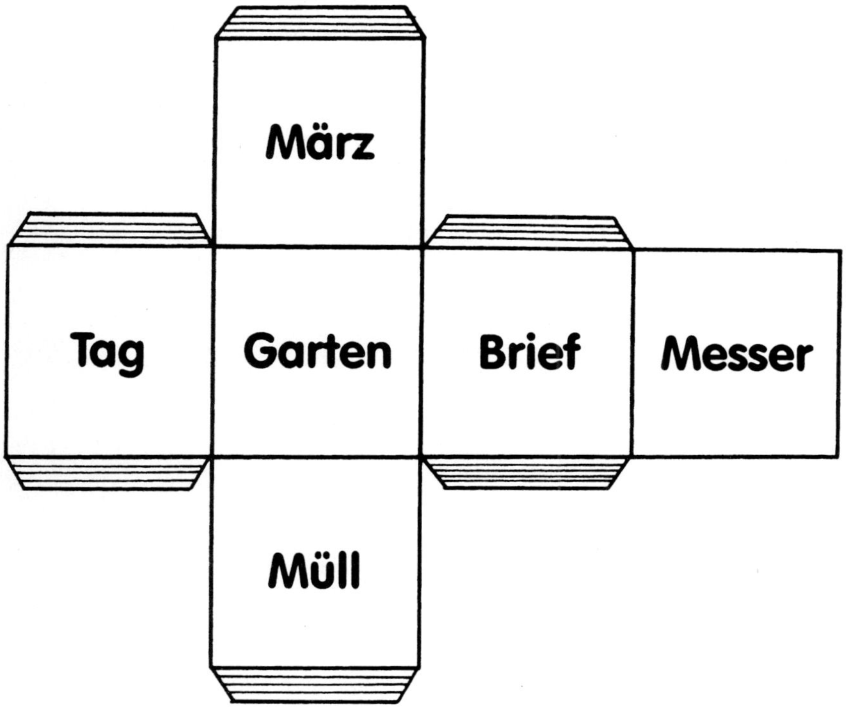


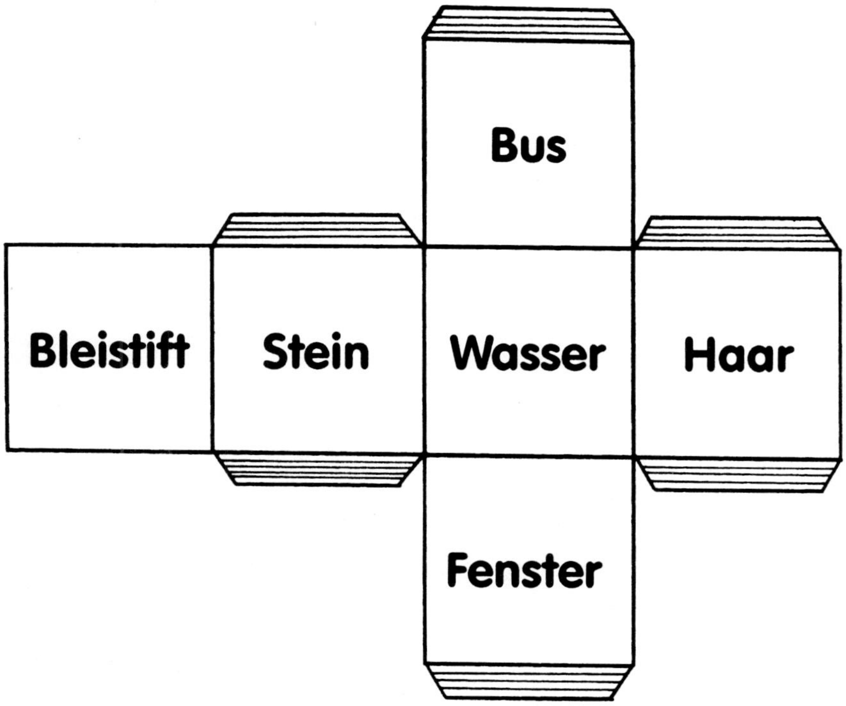


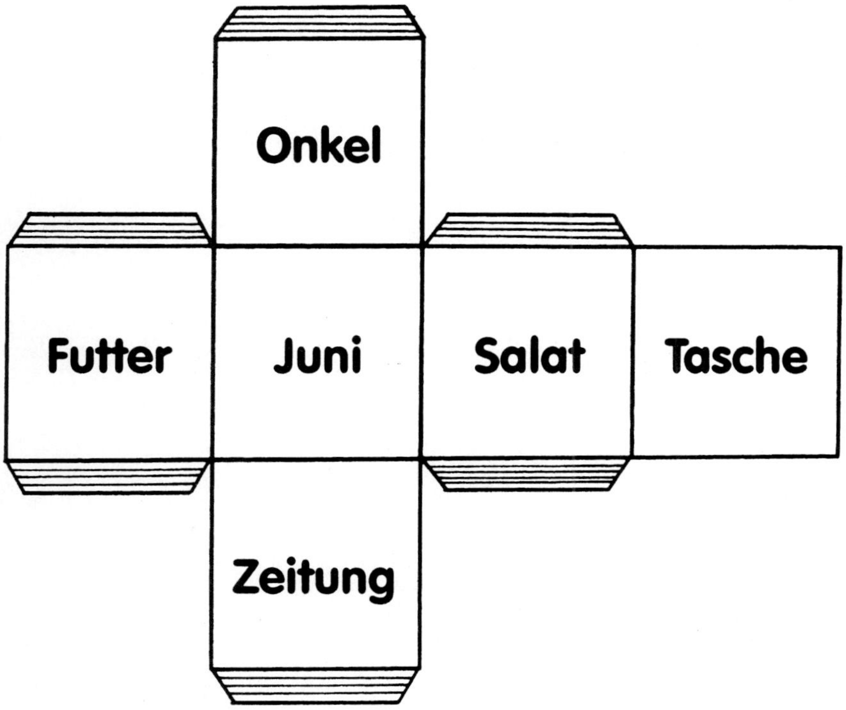

Blankowürfelnetz zum Selbstgestalten

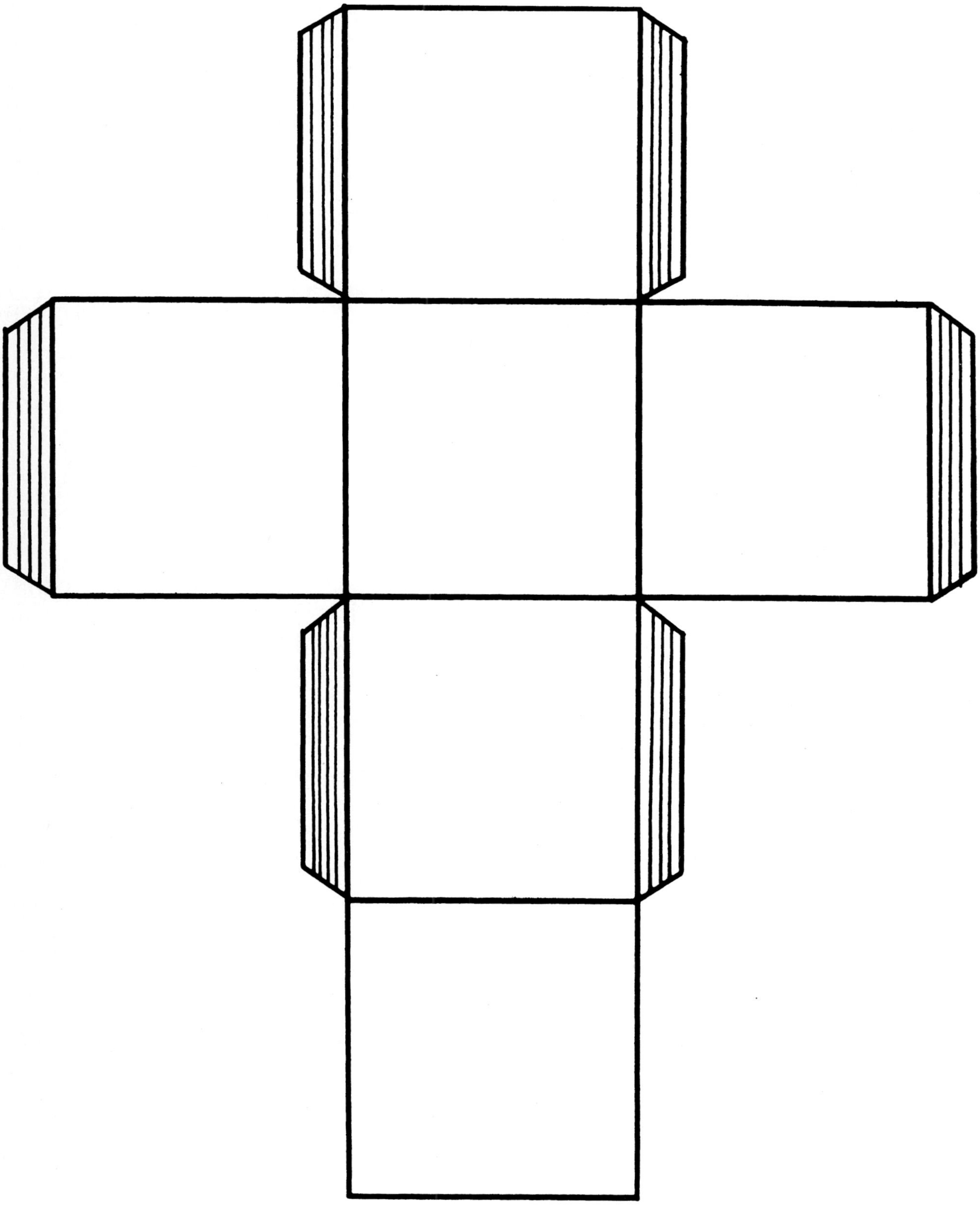

# Würfelgeschichten

Blankowürfelnetz zum Selbstgestalten

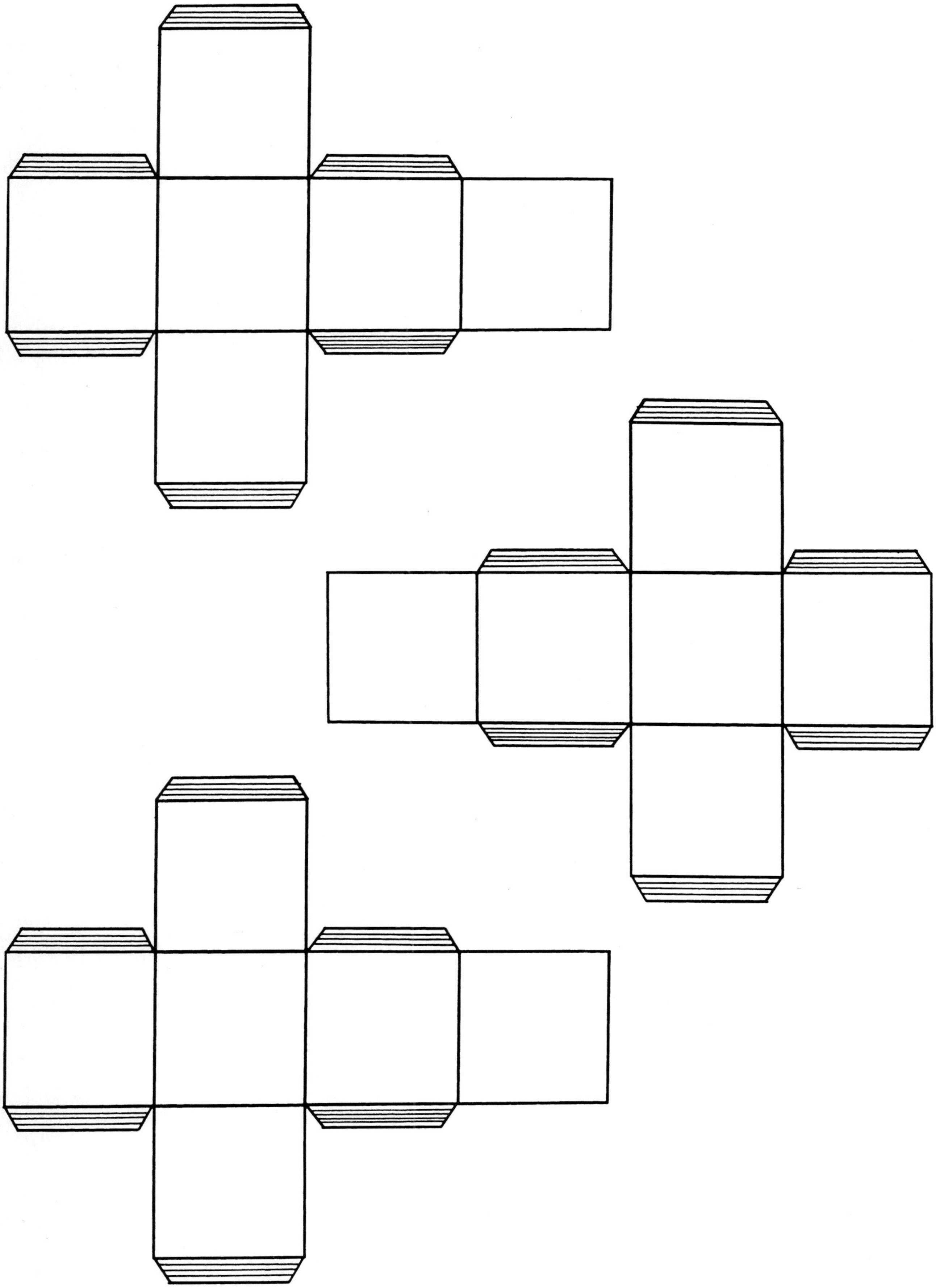

| 1 | 2 | 3 | 4 |
|---|---|---|---|
|  | X | X | X |

# Kannst du genau und richtig lesen?

**Lernziele:** Sinnerfassendes, genaues Lesen, Verstehen und Ausführen von Arbeitsaufgaben, Kreativitätsschulung;
Ausweitung „Wappen“: Stärkung der Selbstkompetenz

**Dauer:** je nach Durchführung 30–90 Minuten

**Material:** Kopien der Arbeitsblätter (Kopiervorlagen zur Wahl S. 43–45) im Klassensatz; zusätzlich je eine Fotofolie (als Kontrolle richtig koloriert), Buntstifte, für das Arbeitsblatt „Fische“; eventuell farbiges A4-Papier oder A3-Blätter

**Vorbereitung:** Kopieren der Arbeitsblätter, Kolorieren der Fotofolie, evtl. farbiges A4-Papier oder A3-Blätter besorgen.

**So geht es:**

➥ Die Abbildungen sollen von den SchülerInnen nach den Vorgaben auf den Arbeitsblättern ausgemalt werden.

➥ Die Zusatzaufgaben bei „Fischen“ führt fließend zu kunsterzieherischen Zielsetzungen; A3-Papier oder farbige A4-Blätter sollten bereitgestellt werden.

**Ausweitung „Wappen“:**

➥ Nach einem Gespräch über die historische Entstehung und die heutige Verwendung von Wappen entwerfen die Schüler eigene Wappen, die speziell für sie selbst gelten (Kopiervorlage S. 46).

Örtliche Bezüge (Gemeindewappen, Schulwappen ...) sollten genutzt werden.

Wie wäre es mit einem Klassenwappen (für die Zimmertüre), mit Gruppenwappen (für die Gruppentische) ...?

# Kannst du genau und richtig lesen?

Male die Geschenke genau nach der Anweisung aus!
Male zuerst das Geschenkpapier bunt aus.
Die Geschenkbänder kommen zum Schluss dran!

- Male das Geschenk oberhalb von 5 blau aus.
- Male das Geschenk unterhalb von 6 gelb aus.
- Male das Geschenk rechts von 4 rot aus.
- Male das Geschenk links von 9 blau aus.
- Male das Geschenk unterhalb von 4 grün aus.
- Male das Geschenk oberhalb von 6 grün aus.
- Male das Geschenk rechts von 5 blau aus.
- Male das Geschenk oberhalb von 4 rot aus.
- Alle blauen Geschenke haben gelbe Bänder.
- Alle roten Geschenke haben blaue Bänder.
- Alle grünen Geschenke haben rote Bänder.
- Alle gelben Geschenke haben grüne Bänder.

# Kannst du genau und richtig lesen?

Male die Fische genau nach der Anweisung aus!

- Alle Fische, die nach rechts schwimmen, haben einen roten Schwanz mit blauen Punkten, der zum Körper hin ganz blau ist. Bei den Fischen, die nach links schwimmen, ist es genau umgekehrt.
- Alle Fische haben einen gelben Kopf mit blauen Augen.
- Der gebogene Streifen zwischen Kopf und Körper ist bei den Fischen, die nach rechts schwimmen, grün. Bei den anderen rot.
- Die Bauchflosse und Rückenflosse sind beim Fisch links oben, bei dem rechts unten und beim linken mittleren blau gestreift. Bei den übrigen sind diese beiden Flossen gelb gestreift.
- Der hintere Teil des Körpers ist bei jedem Fisch so, wie das letzte Teil des Schwanzes.
- Der mittlere, geschwungene und gezackte Teil des Körpers hat die gleiche Farbe wie der Kopf.
- Was jetzt noch weiß ist, kannst du so ausmalen, wie du willst.

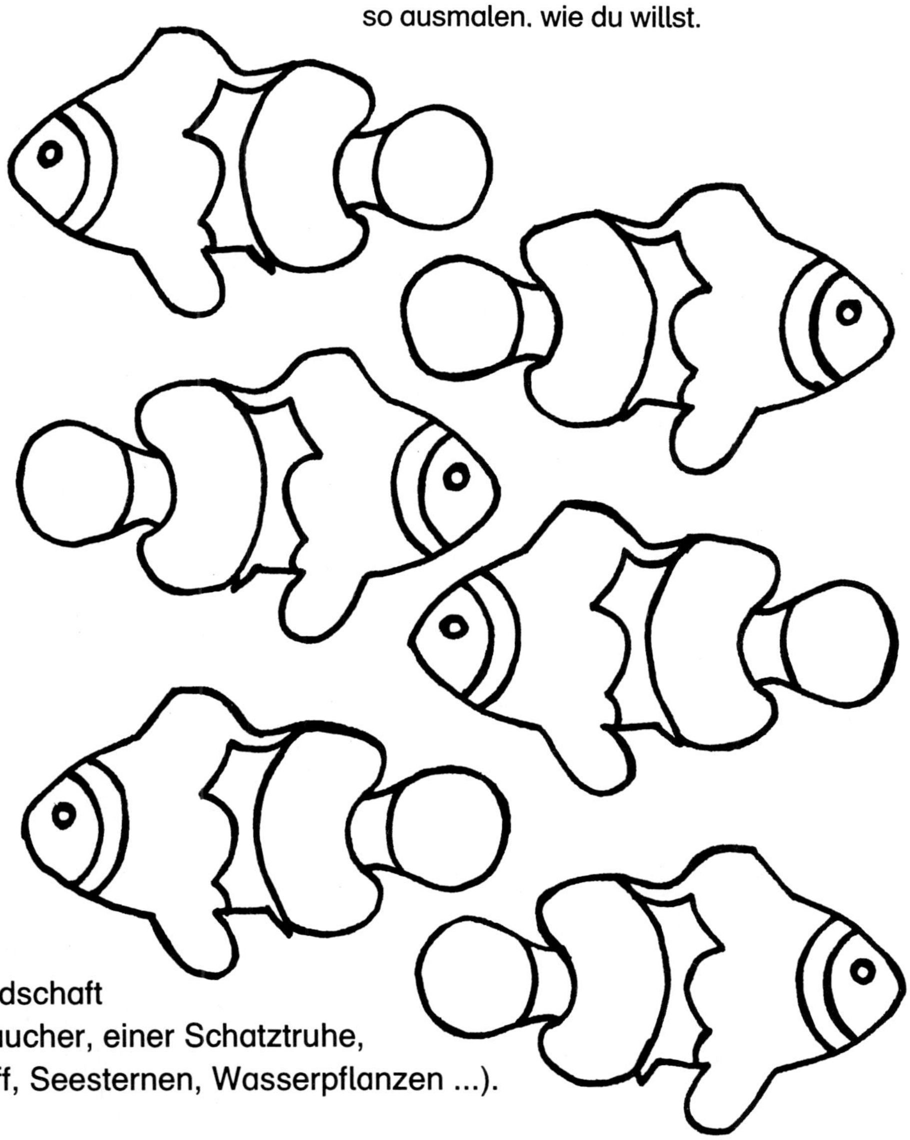

## Zusatzaufgabe:

- Du kannst die Fische sauber ausschneiden, auf ein Blatt kleben und eine Unterwasserlandschaft dazumalen (mit einem Taucher, einer Schatztruhe, einem versunkenen Schiff, Seesternen, Wasserpflanzen ...).

# Kannst du genau und richtig lesen?

Male die Fische genau nach der Anweisung aus!

- Alle Fische, die nach rechts schwimmen, haben einen roten Schwanz mit blauen Punkten, der zum Körper hin ganz blau ist. Bei den Fischen, die nach links schwimmen, ist es genau umgekehrt.
- Alle Fische haben einen gelben Kopf mit blauen Augen.
- Der gebogene Streifen zwischen Kopf und Körper ist bei den Fischen, die nach rechts schwimmen, grün. Bei den anderen rot.
- Die Bauchflosse und Rückenflosse sind beim Fisch links oben, bei dem rechts unten und beim linken mittleren blau gestreift. Bei den übrigen sind diese beiden Flossen gelb gestreift.
- Der hintere Teil des Körpers ist bei jedem Fisch so, wie das letzte Teil des Schwanzes.
- Der mittlere, geschwungene und gezackte Teil des Körpers hat die gleiche Farbe wie der Kopf.
- Was jetzt noch weiß ist, kannst du so ausmalen, wie du willst.

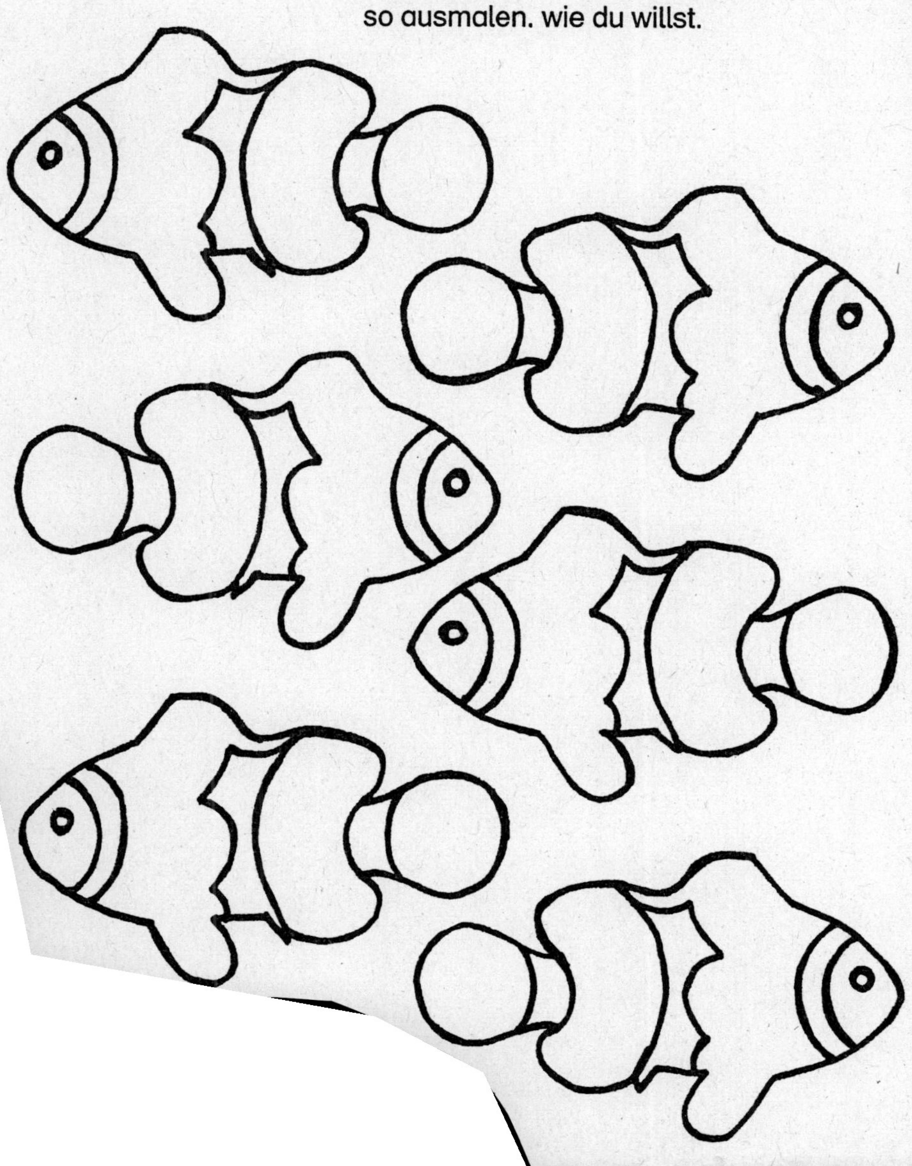

# Kannst du genau und richtig lesen?

Male die Fische genau nach der Anweisung aus!

- Alle Fische, die nach rechts schwimmen, haben einen roten Schwanz mit blauen Punkten, der zum Körper hin ganz blau ist. Bei den Fischen, die nach links schwimmen, ist es genau umgekehrt.
- Alle Fische haben einen gelben Kopf mit blauen Augen.
- Der gebogene Streifen zwischen Kopf und Körper ist bei den Fischen, die nach rechts schwimmen, grün. Bei den anderen rot.
- Die Bauchflosse und Rückenflosse sind beim Fisch links oben, bei dem rechts unten und beim linken mittleren blau gestreift. Bei den übrigen sind diese beiden Flossen gelb gestreift.
- Der hintere Teil des Körpers ist bei jedem Fisch so, wie das letzte Teil des Schwanzes.
- Der mittlere, geschwungene und gezackte Teil des Körpers hat die gleiche Farbe wie der Kopf.
- Was jetzt noch weiß ist, kannst du so ausmalen. wie du willst.

# Kannst du genau und richtig lesen?

Male die Geschenke genau nach der Anweisung aus!
Male zuerst das Geschenkpapier bunt aus.
Die Geschenkbänder kommen zum Schluss dran!

- Male das Geschenk oberhalb von 5 blau aus.
- Male das Geschenk unterhalb von 6 gelb aus.
- Male das Geschenk rechts von 4 rot aus.
- Male das Geschenk links von 9 blau aus.
- Male das Geschenk unterhalb von 4 grün aus.
- Male das Geschenk oberhalb von 6 grün aus.
- Male das Geschenk rechts von 5 blau aus.
- Male das Geschenk oberhalb von 4 rot aus.
- Alle blauen Geschenke haben gelbe Bänder.
- Alle roten Geschenke haben blaue Bänder.
- Alle grünen Geschenke haben rote Bänder.
- Alle gelben Geschenke haben grüne Bänder.

# Kannst du genau und richtig lesen?

Ein Wappen ist ein schmückendes Erkennungszeichen einer Familie, eines Ortes oder Landes. Wappen wurden schon im Mittelalter von den Rittern verwendet. Man malte, schmiedete, wob oder stickte sie auf Schilde, Fahnen, Teppiche und Tücher.

Wenn zwei Familien sich durch Heirat vereinigten, entstanden manchmal seltsame Figuren auf den Wappen, z.B. Tiere, die halb Adler, halb Löwe waren, weil die Wappen beider Familien dann miteinander verbunden wurden.

Male genau nach Anweisung aus:

- Die mittleren Streifen der Wappen 1, 4 und 6 sind rot.
- Das Wappen unter 3 ist rot – gelb – rot gestreift.
- Das Wappen schräg über 5 hat zwei blaue Außenstreifen.
- Der mittlere schräge Streifen von Wappen 3 ist gelb mit blauen Sternchen. Der Rest dieses Wappens ist grün.
- Das einzige noch ganz weiße Wappen hat eine blaue Spitze. Darüber ist es rot und gelb.
- Der Rest von Wappen 1 ist gelb.
- Das Wappen schräg unter 3 hat oben einen blauen Streifen.
- Wenn du alles richtig gemacht hast, ist jetzt noch ein Wappenteil weiß. Darin befinden sich vier blaue Kreise, die gelb ausgemalt sind.

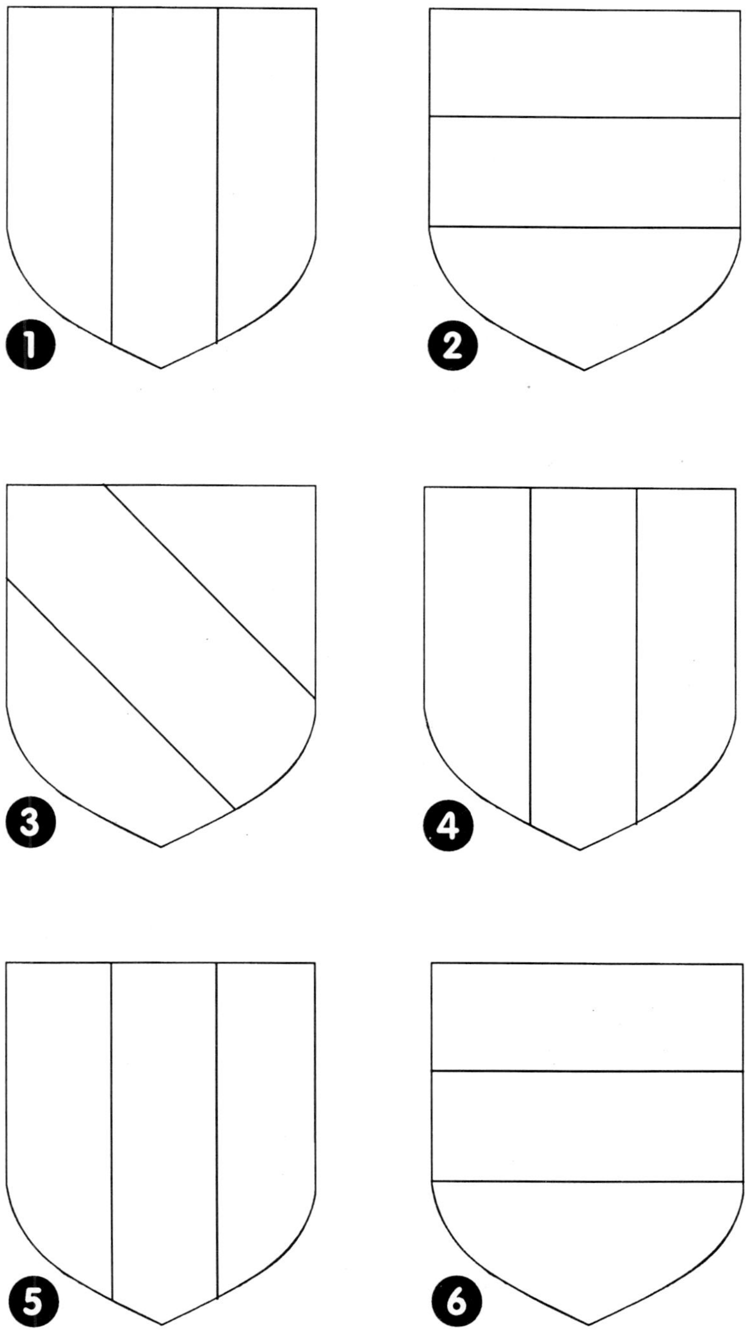

# Kannst du genau und richtig lesen?

## Dies ist das Wappen von: ______________________

- Hier kannst du dein eigenes Wappen gestalten.
- Zeichne oben links: Das mag ich gerne!
- Zeichne oben rechts: Das mag ich überhaupt nicht!
- Zeichne in das große Feld etwas, von dem du meinst, dass es ganz typisch ist für dich! Es soll etwas sein, an dem man dich sofort erkennen könnte, wenn du dich hinter einem großen Schild mit diesem Wappen verstecken würdest.
- Schreibe auch einen kurzen Spruch, der dir gefällt, in dieses Feld. Man nennt dies ein „Wappen-Motto“.

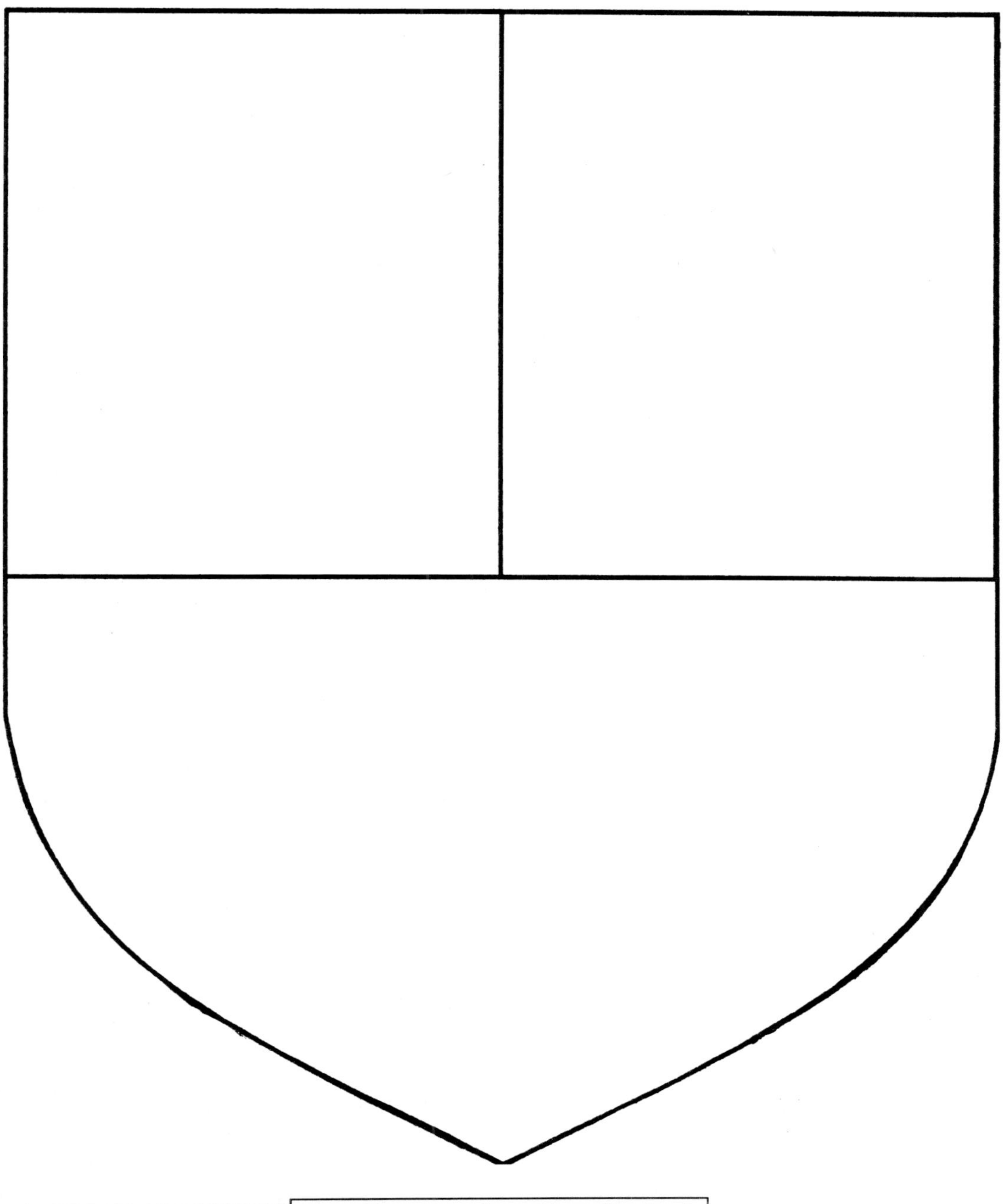

**Deutsch, Kunst**

| 1 | 2 | 3 | 4 |
|---|---|---|---|
| X | X | X | X |

# Mal-, Erzähl-, Träum- und Fantasierbilder

**Lernziele:** Fantasievolles Weitergestalten (bildnerisch und sprachlich) von vorgegebenen Teilen, freies Erzählen (zunächst mündlich, mit fließendem Übergang zum schriftlichen), Kreativitätsschulung

**Dauer:** mindestens 45 Minuten

**Material:** Kopien der Arbeitsblätter (Kopiervorlagen S. 48–53), Buntstifte, Schreibstifte, OH-Projektor, Folienschreiber

**Vorbereitung:** Kopieren der Schülerarbeitsblätter (ein Motiv in Klassenstärke oder verschiedene zur Auswahl), evtl. ein Arbeitsblatt als Beispiel auf Folie fotokopieren.

**So geht es:**

➡ Die Kopiervorlagen enthalten bereits die Anweisungen; mehr ist im Allgemeinen nicht nötig, um die Schüler zu motivieren.
Vereinzelt kann zur Thematik hingeführt werden, wie es beim Beispiel „Sensation am Baggersee" vorgeschlagen wird (fingierter Zeitungsbericht (OH-Folie) wird erlesen, bevor das Bild des Anglers auftaucht). Ein gemeinsames Besprechen, was passiert sein könnte, sollte allerdings unterlassen werden, um die Fantasie nicht einzuengen.

**Folgende Aktivitäten bieten sich an:**

- Weiterzeichnen des Bildes so, dass der „Baustein" hinterher möglichst nicht mehr auf Anhieb erkennbar ist.
- Das Bild braucht einen Titel!
- Das Bild soll später der gesamten Klasse vorgestellt und eine Geschichte dazu erzählt werden (Was war vorher? Was ist passiert? Wie ging es weiter?)
- Wer will (und es wollen mehr Kinder, als man vermutet!), kann auf der Rückseite eine Geschichte dazu schreiben.
- Weitere Möglichkeiten der Bearbeitung sind auf den Blättern selbst angegeben.

*Diese Erzähl-, Mal-, ... bilder sind bei den Schülern sehr beliebt, weil sie große Freiheiten erlauben („richtig" oder „falsch" gibt es nicht). Die Zahl der Kinder, die freiwillig eine Geschichte schreiben, wächst immer mehr, ohne dass der Lehrer dies besonders forcieren muss. Ich schreibe die Texte der Kinder daheim mit dem Computer (Schulschrift) ab, verbessere dabei gleichzeitig Rechtschreibung und Satzbau und klebe diese Geschichten dann auf die Vorderseite. Auf diese Weise können die ausgehängten Bilder noch lange im Klassenzimmer Sammelpunkte für gemeinsames Betrachten und Lesen sein. Gleichzeitig wird wieder ein Ansporn für diejenigen gegeben, die noch nichts geschrieben haben ...*

# Sensation am Baggersee!

## Ein Angler hatte ein unglaubliches Erlebnis – Polizei ist ratlos

HERSBRUCK: Am letzten Wochenende geschah am Baggersee etwas Unglaubliches. Der 35-jährige Angler K. H. aus Pommelsbrunn war mit seinem Boot früh am Morgen in der Mitte des Sees, als er spürte, dass sich auf einmal die Stimmung in der Umgebung veränderte:
Die Vögel hörten auf zu singen.
Ein starker Wind kam auf.
Aus der Tiefe des Sees
war ein dunkles Rauschen zu hören.
Die Temperatur sank schnell
und es wurde eiskalt.
Wolken verdunkelten den Himmel.
In der Ferne heulten Hunde.
Die Wellen wurden immer höher
und dann geschah die Sensation:

Ein ...

# Mal-, Erzähl-, Träum- und Fantasierbilder

Viele Leute sagen, dass Angeln beruhigt. Wenn der Fischer allerdings wüsste, welches Ungeheuer gerade dabei ist, in seinen Wurm zu beißen, dann würde er nicht so ruhig dasitzen!

- Zeichne weiter.
- Erzähle, was passiert.
Du kannst auch eine kleine Geschichte schreiben, wenn du willst.

## Wenn Herr Pohl das gewusst hätte!

Rüdiger Pohl wohnt am Rand einer kleinen Stadt. Sein Haus steht nahe am Waldrand. Wenn er von der Arbeit heimkommt, macht er meist einen kleinen Spaziergang. Gestern ist ihm dabei etwas passiert, was er lange nicht vergessen wird!
Nicht weit von seinem Haus entfernt, sieht er auf dem Weg ein ziemlich dickes Seil liegen.
Es ist mir einem gestreiften Fell überzogen und führt in ein Gebüsch, sodass man das andere Ende nicht sieht.
Als Herr Pohl das Seil hochnimmt und kräftig daran zieht ...

## Da staunt der Herr Doktor

Zuerst sah es so aus,
wie eine ganz normale Sprechstunde
beim Arzt. Viele Patienten kamen
mit gewöhnlichen Krankheiten.

❂ Schreibe einige auf!

______________________________

______________________________

______________________________

______________________________

Schließlich aber führt die Arzthelferin
einen Mann herein,
der eigentlich gar nicht krank ist,
sondern über das ganze Gesicht grinst.
Herr Doktor setzt seine Super-Turbo-Luxus-Brille auf, mit der er sogar in den
Bauch hineinschauen kann und staunt
wie noch nie in seinem Leben!

❂ Was sieht er?
Denk dir eine Geschichte aus
und zeichne!

❂ Wie geht es beim Arzt
oder bei der Ärztin zu?

______________________________

______________________________

______________________________

______________________________

______________________________

❂ Welche Geräte werden verwendet?
Wovor hast du Angst? Warum?

______________________________

______________________________

______________________________

______________________________

______________________________

## Alarm im Zoo!

Große Aufregung im Zoo, es ist etwas ganz Unglaubliches passiert! Manchmal bricht ein Tier aus seinem Gehege aus. Das ist nichts Neues. Aber diesmal ...

- Denke dir aus, was geschehen sein könnte.
- Male das Bild fertig.

- Erzähle die Geschichte: Du bist eines der beiden Kinder auf dem Bild und erzählst am nächsten Tag in der Schule, was du erlebt hast.

**oder:**
Du bist Tierwärter Rick Rehbein, der der Zoodirektorin oder seinem Freund schildert, was geschehen ist.

**oder:**
Stell dir vor, du wärst eine Radioreporterin, die über das Ereignis berichtet. Nimm deine Reportage auf Tonband auf. Mache Interviews mit Augenzeugen, mit den beiden Kindern, dem Tierwärter und mit der Zoodirektorin.

- Schreibe eine kurze Zeitungsmeldung von fünf Zeilen.

# Mal-, Erzähl-, Träum- und Fantasierbilder

## Wenn ich König oder Königin von Deutschland wäre, dann ...

Überlege dir zwei oder drei Dinge, die du als König oder Königin machen würdest und schreibe sie auf. Bedenke dabei: wenn eine Königin oder ein König etwas schreibt, dann:

1. in schönster Schrift
2. ohne Fehler
3. mit schöner Ausgestaltung des Blattes!

| 1 | 2 | 3 | 4 |
|---|---|---|---|
| X | X | X | X |

# Male weiter!

**Lernziele:** gleichberechtigtes Zusammenarbeiten mit einem Zufallspartner; Einfühlungsvermögen, Kompromissbereitschaft, sprachliche und bildnerische Kreativität, anschauliches Erzählen, Reflexionsfähigkeit

**Dauer:** 45 Minuten

**Material:** Pro Partnergruppe ein Arbeitsblatt (Kopiervorlage Seite 55 oder 56), Buntstifte

**Vorbereitung:** Kopieren der Arbeitsblätter

**So geht es:**

➥ Zusammenstellung der Partnergruppen per Zufall (eine Möglichkeit dazu: siehe Seite 10–12).

➥ Die Gruppen verteilen sich im Klassenzimmer (auf dem Boden, an Tischen ...) und überlegen zunächst, was die „Bausteine" auf dem Blatt bedeuten könnten:

– Das Blatt kann in alle Richtungen gedreht werden (um kein „oben" oder „unten" vorzugeben, bitte vor dem Kopieren die Seitenzahl abschneiden).

– Es soll gemeinsam überlegt/diskutiert/beratschlagt werden, wie weiter vorgegangen wird. Regeln dabei:

- Jeder der Partner hat ein Vetorecht! Das bedeutet, dass man den anderen überzeugen muss (wichtig vor allem bei dominanten Schülern, die gerne andere „unterbuttern").
- Jeder der beiden Partner sollte ungefähr die Hälfte des Blattes gestaltet haben!
- Die vorgegebenen Teile sind so einzubauen, dass man sie hinterher möglichst nicht mehr erkennt!
- Das entstandene Bild soll eine Einheit sein, soll ein Thema haben; also nicht einfach Bruchstücke nebeneinander reihen.
- Das Bild braucht einen Titel, der auf die Vorderseite geschrieben wird.

➥ Es empfiehlt sich, dass Sie während der Bearbeitung herumgehen und vor allem zurückhaltendere Schüler immer wieder befragen, ob sie sich voll einbringen konnten (wenn nicht: aufmerksam machen auf das Vetorecht).

➥ Fertige Arbeiten werden an die Tafel gehängt und von beiden Partnern erklärt (nicht nur vom Bildinhalt her, sondern auch in Bezug auf den Produktionsprozess).

➥ Aufhängen aller Bilder an einer Seitenwand (wo sie oft noch wochenlang Gesprächsstoff liefern).

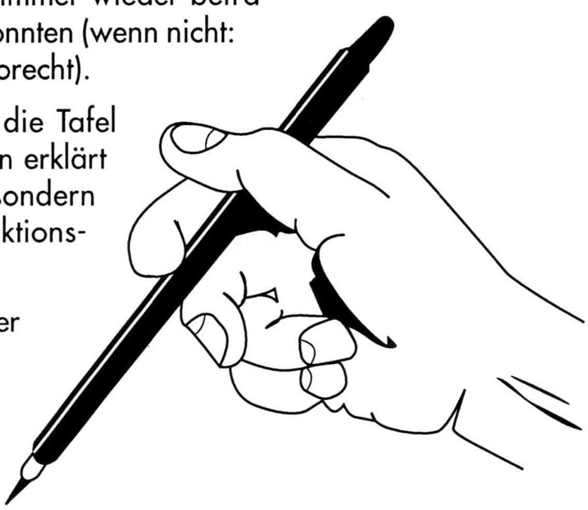

# Male weiter!

# Male weiter!

| 1 | 2 | 3 | 4 |
|---|---|---|---|
| X | X | X | X |

# Ruhe erleben mit Mandalas

**Lernziele:** Stille erleben, zur Ruhe kommen, reflektierende Betrachtung, Konzentrationsschulung, Entspannung, Sensibilisierung, Verbalisierung von Gefühlen und Kunstwerken, Sozialerziehung (bei der Arbeit mit Partnern)

**Dauer:** ca. 30–45 Minuten; evtl. in mehreren Etappen das Mandala stückweise ausmalen

**Material:** Mandalavorlagen (Kopiervorlage S. 59) zum Ausmalen, Buntstifte

**Vorbereitung:** Herstellen zweier Fotofolien des Mandalas und eines Klassensatzes auf weißem Papier. Ausmalen durch den Lehrer (Entspannung!) mit farbigen OH-Stiften.

*Die Arbeit mit Mandalas hat sich in der Schule (mit allen Altersstufen) inzwischen etabliert, obwohl der pseudopsychologische, esoterische Touch sicher manche Lehrkräfte daran hinderte, diese kontemplative Methode auszuprobieren. Glücklicherweise ist es auch ohne das teilweise süßsaure, penetrante, pseudomeditative Drumherum möglich, die persönlichkeits- und gemeinschaftsbildenden Elemente ohne großen Aufwand wirken zu lassen. Nicht nur Maria Montessori hat immer wieder betont, dass Kinder ein grundsätzliches Bedürfnis nach Stille haben (was hier mehr meint als die vom Lehrer aufgezwungene „Abwesenheit von Lärm", bei der herrschende Spannungen, Konflikte und Unruhe weiter bestehen). Bei der Beschäftigung mit „Kreisbildern" (das bedeutet das Wort „Mandala") entsteht eine innere Ruhe, in der man sich selbst zurückziehen, sich sammeln, sich konzentrieren, sich besinnen kann. Dass dazu eine entsprechende Atmosphäre benötigt wird, ist offensichtlich.*

*Damit ist auch klar, dass nicht in allen Klassen bei Vertretungsstunden sofort ein Mandala eingesetzt werden kann.*

Weitere Mandalas mit ausführlichen didaktischen-methodischen Hinweisen finden Sie in:

*Wolfgang Hund:* **Mandalas für Kinder – Malend zur Ruhe kommen** (50 Kopiervorlagen).
Verlag an der Ruhr, 1996.

*Wolfgang Hund:* **Mandalas für Frühling, Sommer, Herbst und Winter** (44 Kopiervorlagen).
Verlag an der Ruhr, 1996.

*Wolfgang Hund:* **Mandalas zur Weihnachtszeit** (50 Kopiervorlagen).
Verlag an der Ruhr, 1996.

*Wolfgang Hund:* **Mandalas für den Kindergarten** (43 Kopiervorlagen).
Verlag an der Ruhr, 1997.

Fächerübergreifend; evtl. Sozialerziehung, Kunst

| 1 | 2 | 3 | 4 |
|---|---|---|---|
| X | X | X | X |

# Ruhe erleben mit Mandalas (Fortsetzung)

**So geht es:**

Grundsätzlich gibt es drei Möglichkeiten: betrachten – ausmalen – selbst anfertigen.

Eine bewährte Form ist folgender Ablauf:

➥ Farbstifte bereitlegen; Arbeitsplatz sonst leer räumen.

➥ Bequeme Sitzhaltung einnehmen: Rücken an Lehne, Füße auf den Boden, Blick nach vorne zur Projektionsfläche; Stille/Ruhe.

➥ „Sanfte" Musik (besonders geeignet: Mozart für Kinder, Barockmusik allgemein).

➥ Projektion des vom Lehrer ausgemalten Mandalas; ohne Kommentar; ca. 4 Minuten.

➥ Auflegen der Leerfolie: „Denke dir deine eigenen Farben!" (ca. 3 Minuten).

➥ Austeilen der Kopien; Beginn der Arbeit.

➥ Musikbegleitung weiterhin; evtl. alle fünf Minuten leiser stellen, sodass wenig später Stille herrscht.

➥ Fertige Zeichnungen werden still an die Tafel gehängt, wo allmählich ein schöner Wandschmuck entsteht, der zunächst ohne Kommentar betrachtet wird.

➥ Reflexion der gesamten Werke: „Obwohl jeder die gleiche Vorlage erhalten hat, sind doch trotzdem ..." „Mir gefällt ... besonders, weil ..."
„Richtig" oder „falsch" gibt es nicht!

➥ Bei Vergrößerung der Kopiervorlage auf A3 oder größer sind Partner- und Gruppenarbeit sehr gut möglich (maximal vier Schüler), auch hier ohne verbale Absprachen beim Malen!

➥ Beim Aushang im Klassenzimmer entsteht ein farbenprächtiger Wandschmuck, der als „Augenschmeichler" auch zwischendrin immer wieder zum Betrachten – Ausruhen – Darüberreden anregt.

| 1 | 2 | 3 | 4 |
|---|---|---|---|
| X | X | X | X |

# „Ich denke mir ...“

**Lernziele:** Fragestrategien entwickeln, einfache, aber präzise Fragen stellen, in Kategorien denken, Gedächtnistraining, Denkschulung allgemein, lehrerdezentrierter Unterricht

**Dauer:** beliebig

**Material:** Abbildungen von Tieren, Schul- und Alltagsgegenständen (Kopiervorlagen S. 65), Stift und Schreibpapier zum Notieren der Punktzahlen, evtl. Karteikarten DIN A6, Büroklammern oder Sicherheitsnadeln in Klassenstärke

**Vorbereitung:** Kopieren der Vorlagen auf Folie oder/und auf Papier in Partnerarbeitsstärke.

**So geht es:**

➥ Projizieren der Folie; der Lehrer beginnt mit einem Beispiel:

*„Ich habe mir eines dieser Tiere gedacht. Versucht herauszubekommen, welches es ist. Ich antworte aber nur mit ‚Ja‘ oder ‚Nein‘! Wenn du ganz sicher glaubst, dass du das Tier herausgefunden hast, darfst du dich mit beiden Händen melden. Wenn es dann falsch ist, scheidest du für eine Runde aus.“*

(Der letzte Satz ist notwendig, damit nicht wild herumgeraten wird. Erlaubt sind nur Fragen aus dem entsprechenden Sachbereich, also nicht: „links“, „oben“ ...)

➥ Meldet sich ein Schüler mit beiden Händen und nennt das richtige Tier, kommt er vor die Klasse und macht weiter ...

➥ Nach mehreren Durchläufen wird reflektiert: „Es gibt sehr gute Fragen, gute und weniger gute!“
Sehr gut sind Fragen, die am Anfang schnell große Kategorien bilden: Fleisch-, Pflanzenfresser? Lebensraum (Luft – Wasser – Land)? einheimisch – ausländisch? Beine? vier – zwei? Körperoberfläche (Fell, Schuppen, nackte Haut)?
Weniger brauchbar sind zu Beginn ganz konkrete Fragen nach Einzelheiten.
Nicht beantwortbar (weil relativ) sind Fragen wie: „Ist das Tier groß?“ (... „größer als eine Katze ...“ ist möglich); „Ist das Tier gefährlich?“ (für wen denn?) ...

➥ Ist die Klasse allmählich darin geschult, wird die Anzahl der Nein-Antworten begrenzt (auf 10, 7 ...). Der Lehrer zählt an der Tafel mit (evtl. Strichhaus, in das nach dem siebten Nein der Blitz einschlägt).

➥ Manchmal wird es nötig sein, ein Schulterzucken als „Ich weiß nicht“ zusätzlich zuzulassen.

| 1 | 2 | 3 | 4 |
|---|---|---|---|
| X | X | X | X |

# „Ich denke mir ...“ (Fortsetzung)

**Partnerarbeit:** Jedes Paar erhält ein Arbeitsblatt (evtl. auf A3 vergrößert – hinterher wieder einsammeln!);
Abwechselnd („Es beginnt der Schüler mit den helleren Strümpfen, dem kürzeren Haar, das jüngere Kind, das Kind mit den saubereren Fingernägeln, ...“) werden Tiere ausgedacht; der Partner versucht, sie mit den bekannten Spielregeln herauszufinden.
Auch hier kann die Zahl der Neins vorgegeben werden. Gelingt es nicht, das Tier innerhalb dieser Bedingung zu erraten, darf ein neues gedacht werden. Punkte auf einem Extrablatt notieren.

**Varianten:** Umkehrung der oberen Spielregeln: Ein Schüler steht vor der Klasse und beschreibt sein Tier (einen Gegenstand) zunächst ganz allgemein, dann immer genauer. Die Klasse verfolgt auf der Folie die Möglichkeiten. Wer weiß, welches Tier (welcher Gegenstand) gemeint ist, meldet sich wieder mit zwei Händen ...

Die Bilder werden ausgeschnitten und auf Karteikarten aufgeklebt. Der Lehrer heftet mit einer Büroklammer oder Sicherheitsnadeln jedem Kind eine Karte mit einem Tier oder Gegenstand auf den Rücken. Die Schüler laufen in der Klasse herum und dürfen anderen jeweils drei Fragen stellen („Bin ich ...“, „Habe ich ...“).
Wer sein Tier oder seinen Gegenstand herausgefunden hat, hängt sein Kärtchen nach vorne. (Den Spiegel in der Waschecke sicherheitshalber zuhängen!)

KIM-Spiel: Die Bilder aus der Folie ausschneiden und sieben (zehn, ...) Bilder projizieren, die die Kinder sich einprägen sollen. Dann wird der Projektor ausgeschaltet. Es wird ein „Rauschen“ dazwischengeschaltet (einfache Rechenaufgaben), bevor die Kinder schließlich aufschreiben, welche Tiere oder Gegenstände sie sich merken konnten.
Oder: Ein Bild wird weggenommen, die übrigen neu auf der Projektionsfläche angeordnet und wieder projiziert: „Was fehlt?“

Die Schülerinnen schneiden die Bilder aus ihren Kopien aus, ordnen sie auf dem Tisch in Gruppen und schreiben auf kleinen Zetteln zu jeder Gruppe das Ordungskriterium.

# „Ich denke mir ...“

# „Ich denke mir ..."

# „Ich denke mir …“

# „Ich denke mir ...“

| 1 | 2 | 3 | 4 |
|---|---|---|---|
| | X | X | X |

# Gedächtnistraining

**Lernziele:** Konzentrationsschulung, Schulung des sprachlichen und visuellen Erinnerungsvermögens, Sinnentnahme aus Sachtexten, Verbalisieren: Erweiterung des präzisen, speziellen Wortschatzes

**Dauer:** ca. 20–30 Minuten

**Material:** Kopien der Schülerarbeitsblätter (Kopiervorlagen S. 68/69 oder 70/71) und OH-Folien, Schreibblock, Stifte, evtl. Illustriertenfotos

**Vorbereitung:** Kopieren der Arbeitsblätter in Klassenstärke; evtl. Porträtfotos aus Illustrierten besorgen

**So geht es:**

**„Ganz normale Leute?":**

➥ Jedes Kind erhält beide Arbeitsblätter. Das zweite Blatt (S. 69) wird zunächst mit der beschrifteten Seite nach unten auf den Tisch gelegt.

➥ Zehn Minuten lesen die Kinder still die Texte und prägen sich die Abbildungen ein. Dann wird das Blatt umgedreht und beiseite gelegt.

➥ Bevor zur Feststellung des Beobachteten und Erinnerten weitergegangen wird, sollte ein „Rauschen" dazwischengeschaltet werden: „Wie heißt der berühmte Turm in Paris? Welches Datum haben wir heute? Am nächsten Montag? Wie viel ist 4 mal 29? Wie viel kostet eine 80-Pfennig-Briefmarke? ..."

➥ Jetzt wird das andere Blatt (S. 69) aufgedeckt und die SchülerInnen versuchen den Bildern (A–F) die Namen und Begriffe (1–27) zuzuordnen und notieren die Lösungen dann auf einem Extrablatt. Am besten erstellen Sie als Beispiel und Hilfe eine Übersicht an der Tafel.

| A | B | C | D | E | F |
|---|---|---|---|---|---|
| 4, 7, 12 | | | | | |

**Varianten:**

❂ Die Klasse wird in zwei Gruppen eingeteilt, die sich gegenseitig weitere Details abfragen (die gefragte Gruppe muss jeweils die Textblätter umdrehen, die fragende kann sie verwenden). Evtl. zuvor einige Fragen schriftlich sammeln.

❂ Ähnliche „Lebensläufe" werden von den Kindern unter Verwendung von Illustriertenfotos selbst erstellt (weniger Angaben, handgeschrieben, sodass die Schüler eigene A4-Blätter gestalten können, die nach dem Kopieren wie oben verwendet werden).

| 1 | 2 | 3 | 4 |
|---|---|---|---|
|  | X | X | X |

# Gedächtnistraining (Fortsetzung)

**Bist du ein guter Zeuge?**

➥ Die SchülerInnen bekommen fünf Minuten Zeit, sich die Figuren auf dem ersten Arbeitsblatt (S. 70) anzusehen. Dann drehen sie dieses Blatt um und decken das zweite, zuvor verdeckte Arbeitsblatt (S. 71) auf. Darauf sind dieselben Figuren zu sehen, allerdings nur die Köpfe. Die Kinder sollen nun anhand der Bruchstücke versuchen, sich an die Tätigkeiten und Gegenstände der Figuren zu erinnern.

➥ Auch hier erfolgt die schriftliche Fixierung auf einem Blatt, z.B.:
Nr. 1 – schauen, Vergrößerungsglas/Lupe
Nr. 2 – bedienen/tragen, Teller
Nr. 3 – tragen, Kerzenhalter usw.

**Hinweis:** Aus Kosten-/Zeitersparnis- und Umweltschutzgründen (Kopien bzw. Papier) sollten die ausgeteilten Blätter von den SchülerInnen nicht beschrieben werden. So können sie hinterher wieder eingesammelt und nochmal verwendet werden!

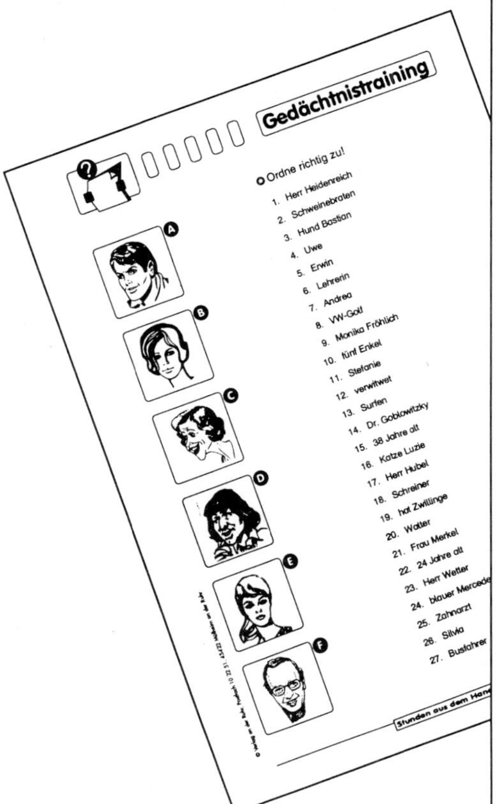
Gedächtnistraining

Ordne richtig zu!

1. Herr Heidenreich
2. Schweinebraten
3. Hund Bastian
4. Uwe
5. Erwin
6. Lehrerin
7. Andrea
8. VW-Golf
9. Monika Fröhlich
10. fünf Enkel
11. Stefanie
12. verwitwet
13. Surfen
14. Dr. Goblowitzky
15. 38 Jahre alt
16. Katze Luzie
17. Herr Hubel
18. Schreiner
19. hat Zwillinge
20. Walter
21. Frau Merkel
22. 24 Jahre alt
23. Herr Wetter
24. blauer Merced
25. Zahnarzt
26. Silvia
27. Busfahrer

A B C D E F

Stunden aus dem Hand

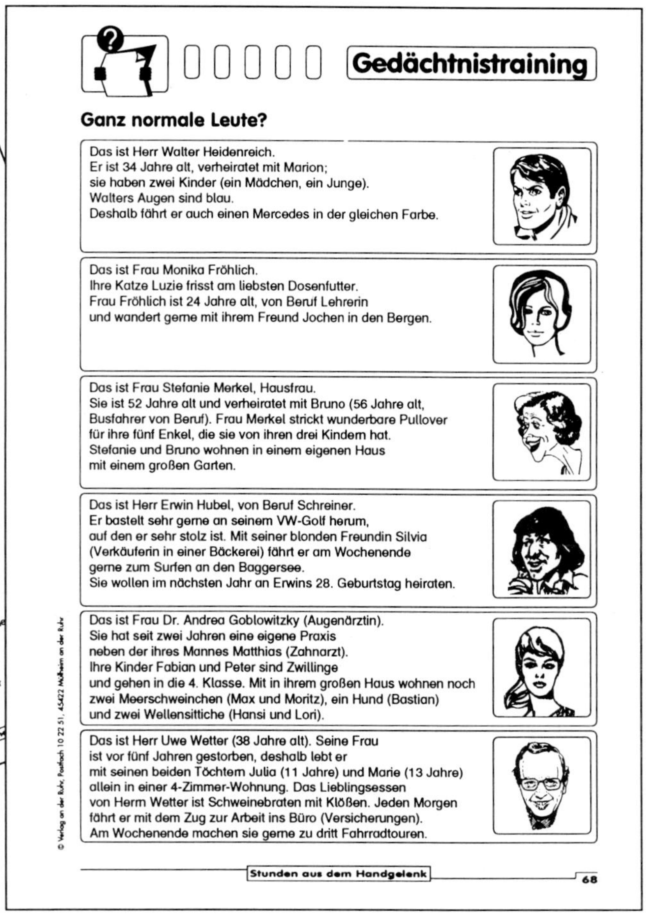
Gedächtnistraining

**Ganz normale Leute?**

Das ist Herr Walter Heidenreich.
Er ist 34 Jahre alt, verheiratet mit Marion;
sie haben zwei Kinder (ein Mädchen, ein Junge).
Walters Augen sind blau.
Deshalb fährt er auch einen Mercedes in der gleichen Farbe.

Das ist Frau Monika Fröhlich.
Ihre Katze Luzie frisst am liebsten Dosenfutter.
Frau Fröhlich ist 24 Jahre alt, von Beruf Lehrerin
und wandert gerne mit ihrem Freund Jochen in den Bergen.

Das ist Frau Stefanie Merkel, Hausfrau.
Sie ist 52 Jahre alt und verheiratet mit Bruno (56 Jahre alt, Busfahrer von Beruf). Frau Merkel strickt wunderbare Pullover für ihre fünf Enkel, die sie von ihren drei Kindern hat.
Stefanie und Bruno wohnen in einem eigenen Haus mit einem großen Garten.

Das ist Herr Erwin Hubel, von Beruf Schreiner.
Er bastelt sehr gerne an seinem VW-Golf herum, auf den er sehr stolz ist. Mit seiner blonden Freundin Silvia (Verkäuferin in einer Bäckerei) fährt er am Wochenende gerne zum Surfen an den Baggersee.
Sie wollen im nächsten Jahr an Erwins 28. Geburtstag heiraten.

Das ist Frau Dr. Andrea Goblowitzky (Augenärztin).
Sie hat seit zwei Jahren eine eigene Praxis neben der ihres Mannes Matthias (Zahnarzt).
Ihre Kinder Fabian und Peter sind Zwillinge und gehen in die 4. Klasse. Mit in ihrem großen Haus wohnen noch zwei Meerschweinchen (Max und Moritz), ein Hund (Bastian) und zwei Wellensittiche (Hansi und Lori).

Das ist Herr Uwe Wetter (38 Jahre alt). Seine Frau ist vor fünf Jahren gestorben, deshalb lebt er mit seinen beiden Töchtern Julia (11 Jahre) und Marie (13 Jahre) allein in einer 4-Zimmer-Wohnung. Das Lieblingsessen von Herrn Wetter ist Schweinebraten mit Klößen. Jeden Morgen fährt er mit dem Zug zur Arbeit ins Büro (Versicherungen).
Am Wochenende machen sie gerne zu dritt Fahrradtouren.

© Verlag an der Ruhr, Postfach 10 22 51, 45422 Mülheim an der Ruhr

Stunden aus dem Handgelenk 68

## Ganz normale Leute?

Das ist Herr Walter Heidenreich.
Er ist 34 Jahre alt, verheiratet mit Marion;
sie haben zwei Kinder (ein Mädchen, ein Junge).
Walters Augen sind blau.
Deshalb fährt er auch einen Mercedes in der gleichen Farbe.

Das ist Frau Monika Fröhlich.
Ihre Katze Luzie frisst am liebsten Dosenfutter.
Frau Fröhlich ist 24 Jahre alt, von Beruf Lehrerin
und wandert gerne mit ihrem Freund Jochen in den Bergen.

Das ist Frau Stefanie Merkel, Hausfrau.
Sie ist 52 Jahre alt und verheiratet mit Bruno (56 Jahre alt,
Busfahrer von Beruf). Frau Merkel strickt wunderbare Pullover
für ihre fünf Enkel, die sie von ihren drei Kindern hat.
Stefanie und Bruno wohnen in einem eigenen Haus
mit einem großen Garten.

Das ist Herr Erwin Hubel, von Beruf Schreiner.
Er bastelt sehr gerne an seinem VW-Golf herum,
auf den er sehr stolz ist. Mit seiner blonden Freundin Silvia
(Verkäuferin in einer Bäckerei) fährt er am Wochenende
gerne zum Surfen an den Baggersee.
Sie wollen im nächsten Jahr an Erwins 28. Geburtstag heiraten.

Das ist Frau Dr. Andrea Goblowitzky (Augenärztin).
Sie hat seit zwei Jahren eine eigene Praxis
neben der ihres Mannes Matthias (Zahnarzt).
Ihre Kinder Fabian und Peter sind Zwillinge
und gehen in die 4. Klasse. Mit in ihrem großen Haus wohnen noch
zwei Meerschweinchen (Max und Moritz), ein Hund (Bastian)
und zwei Wellensittiche (Hansi und Lori).

Das ist Herr Uwe Wetter (38 Jahre alt). Seine Frau
ist vor fünf Jahren gestorben, deshalb lebt er
mit seinen beiden Töchtern Julia (11 Jahre) und Marie (13 Jahre)
allein in einer 4-Zimmer-Wohnung. Das Lieblingsessen
von Herrn Wetter ist Schweinebraten mit Klößen. Jeden Morgen
fährt er mit dem Zug zur Arbeit ins Büro (Versicherungen).
Am Wochenende machen sie gerne zu dritt Fahrradtouren.

# Gedächtnistraining

❂ Ordne richtig zu!

A

B

C

D

E

F

1. Herr Heidenreich
2. Schweinebraten
3. Hund Bastian
4. Uwe
5. Erwin
6. Lehrerin
7. Andrea
8. VW-Golf
9. Monika Fröhlich
10. fünf Enkel
11. Stefanie
12. verwitwet
13. Surfen
14. Dr. Goblowitzky
15. 38 Jahre alt
16. Katze Luzie
17. Herr Hubel
18. Schreiner
19. hat Zwillinge
20. Walter
21. Frau Merkel
22. 24 Jahre alt
23. Herr Wetter
24. blauer Mercedes
25. Zahnarzt
26. Silvia
27. Busfahrer

## Bist du ein guter Zeuge?

Schau dir diese Figuren fünf Minuten lang gut an. Drehe dann das Blatt um und decke anschließend das andere Blatt auf!

# Gedächtnistraining

Weißt du noch,
was diese Menschen getan haben?
Und was hatten sie in den Händen?

❂ Schreibe auf ein Extrablatt
zu den einzelnen Nummern
die dazugehörige Tätigkeit
und den Gegenstand!

❂ Eine Person fehlt. Welche?

| 1 | 2 | 3 | 4 |
|---|---|---|---|
| | X | X | X |

# Zaubertrick: Unsichtbare Würfelpunkte

**Lernziel:** Steigerung der mathematischen Fähigkeiten (bewegliches, reversibles Denken) und Fertigkeiten (Addition, Subtraktion, Multiplikation), mündlicher Sprachgebrauch, weiterführendes Lesen, Geben und Verstehen von genauen Anweisungen, Verstehen eines Sachtextes, einer Anleitung, darstellendes Spiel (Rollenspiel), Hineinversetzen können in die Rolle eines Zauberers, Spaß, Stärkung des Selbstvertrauens (bei der Vorführung des Kunststücks, auch gegenüber Erwachsenen)

**Dauer:** 45 Minuten

**Material:** mehrere große Schaumstoff- oder Moosgummiwürfel, eine quadratische Pappröhre, evtl. eine Augenbinde, für jede Partnergruppe mindestens drei Würfel

**Vorbereitung:** Schaumstoff- oder Moosgummiwürfel herstellen, eine passende Pappröhre basteln

**So geht es:**

**Das geschieht:**
Ein Zuschauer baut einen Turm aus zwei (drei, vier ...) normalen Würfeln. Obwohl sich der Zauberer dabei abgewendet hatte, sich eventuell sogar die Augen verbinden ließ, kann er sofort angeben, wie groß die Punktesumme der verdeckt liegenden (waagerechten) Würfelseiten ist!

**Das Geheimnis:**
Die Summe der Punkte von gegenüberliegenden Würfelflächen beträgt immer 7! Bei zwei aufeinander liegenden Würfeln sind drei waagerechte Flächen nicht sichtbar.
Die Punkte der beiden Seiten des unteren Würfels ergeben zusammen sieben. Zusammen mit den Punkten der unteren Seite des oberen Würfels (die sich als Differenz zu den oben sichtbaren ergibt) entsteht eine Summe von nicht sichtbaren Punkten, die es „hellzusehen", „zu riechen", „zu fühlen" ... gilt.
Blitzschnell kann man dies ausrechnen, indem man von 14 (bei zwei Würfeln), von 21 (bei drei Würfeln) ... die oben liegende Zahl abzieht.

**Beispiele:**

- Drei Würfel aufeinander; sichtbar ist die vier; 21 minus 4 = 17 (= die Summe der verdeckt liegenden Punkte).
- Zwei Würfel aufeinander, sichtbar ist die eins; 14 minus 1 = 13 (= die Summe der verdeckt liegenden Punkte der drei nicht sichtbaren Flächen).

Dies ist im 7er-Einmaleins beliebig erweiterbar!

| 1 | 2 | 3 | 4 |
| --- | --- | --- | --- |
| | X | X | X |

# Zaubertrick: Unsichtbare Würfelpunkte (Fortsetzung)

**Tipps zum methodischen Vorgehen:**

➥ Zunächst einmal wird „das Wunder" spannend und geheimnisvoll vom Lehrer (oder einem Schüler, der sich vorbereitet hat!) präsentiert: Am besten mit drei großen Schaumstoff- oder Moosgummiwürfeln; Erklärung, auf welche Flächen es ankommt (nämlich die verborgenen waagerechten); evtl. dazu deutliche Tafelskizze.

➥ Sehr spannungssteigernd ist eine quadratische Pappröhre, die über den Würfelturm passt – sodass die oberste Seite noch sichtbar ist.

➥ Der oder die Vorführende lässt sich die Augen verbinden (mit einem mehrfach zusammengefalteten Tuch oder Schal). Beim Anlegen mit beiden Händen „helfen" und das Band so zurechtrücken, dass entlang der Nasengassen noch ein winziger Spalt nach unten offen bleibt (das geht leichter, als Sie denken!).

➥ Ein Schüler führt den oder die Vorführende(n) an der Hand zum Würfelturm. Dort genügt ein kurzer Blick entlang der Nase nach unten, um die oberste Zahl zu erkennen.

➥ Alles weitere ist Präsentation! Ob Sie die unsichtbaren Würfelpunkte erriechen, aus der Luft abtasten, unhörbar abhorchen ..., bleibt Ihrer Fantasie überlassen. Nur – bitte nicht gleich „einfach so" bekannt geben. Das wäre unangemessen. Gemeinsames Ausrechnen bzw. Überprüfen.

➥ Nachdem die Schüler genügend gestaunt haben (natürlich wird es mindestens zweimal wiederholt werden müssen), geht es an die Erklärung.
Hier wird es nötig sein, langsam und stufenweise vorzugehen:

**1.** Die Würfelpunkte gegenüberliegender Seiten ergeben immer 7. Dies sollten die Schüler nach Möglichkeit selbst entdecken, indem Sie nur den Hinweis geben, dass bei allen Würfeln der Welt die Anordnung der Punkte gleich ist.

| Fixierung an der Tafel: | | | | | | | |
| --- | --- | --- | --- | --- | --- | --- | --- |
| | oben ist die | 1 | 2 | 3 | 4 | 5 | 6 |
| | unten ist die | 6 | 5 | 4 | 3 | 2 | 1 |

Oft fällt dann schon der Groschen, gegebenenfalls genügt ein stummer Impuls.

**2.** Bei Schülern der 1. und 2. Jahrgangsstufe ist nun ein Zwischenschritt mit einem einzigen Würfel unbedingt notwendig.
Fertigen Sie zu einem Schaumstoff-/Moosgummiwürfel eine Hülse an (Pappe), welche die äußeren (senkrechten) Wände verdeckt, aber die obere Punktezahl erkennen lässt.

**Übung:** Partnerarbeit mit kleinen Spielwürfeln. Welche Zahl liegt unten?

**Nun mit zwei Würfeln:**
Entwicklung unter Begleitung einer kleinen Tafelzeichnung (wie beim Arbeitsblatt); die Summe der unsichtbaren Punkte des unteren Würfels ist immer 7, dazu kommen die unsichtbaren Punkte ...
Zunächst wieder gemeinsam mit den großen Würfeln, dann in Partnerarbeit.

**Ebenso mit drei, ... Würfeln:**
Das gesamte Einmaleins mit 7 kann verwendet werden, also: bei einem Turm mit sieben Würfeln: 49 minus die sichtbare Zahl = ...

**Hinweise zur Präsentation:** Mindestens zwei Grundregeln gelten für „Zauberer":
**1.** Geheimnisse werden nicht verraten.
**2.** Erst dann vorführen, wenn man das Kunststück gut kann.

# Zaubertrick: Unsichtbare Würfelpunkte

## Ich kann zaubern!

**So sieht es der Zuschauer:**
Der Zauberer
kann die verdeckt aufeinander
liegenden Würfelpunkte
mit den Händen fühlen,
ohne dass er die Würfel
wirklich berührt.
Das geht sogar
mit verbundenen Augen!

**Das Geheimnis:**
Die gegenüberliegenden Punkte
auf einem Würfel ergeben
immer die Zahl ____. Also:

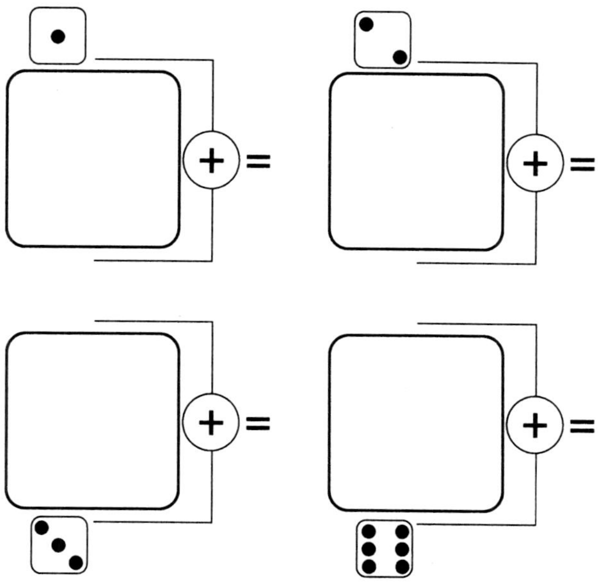

Wenn **zwei Würfel aufeinander** liegen,
sind ____ Seiten nicht sichtbar.

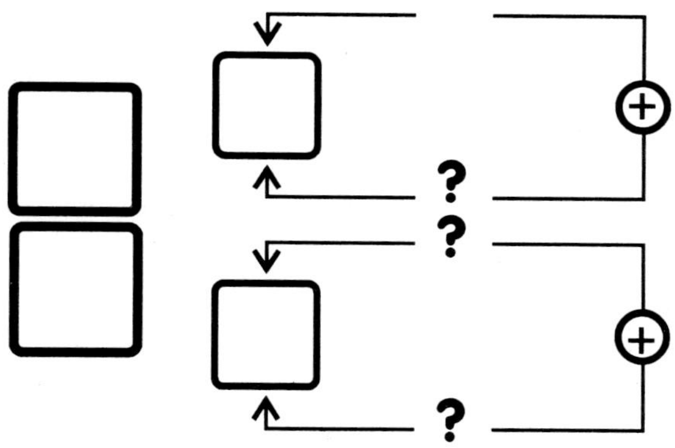

Die unsichtbaren Punkte
des unteren Würfels
ergeben in der Summe auch ____.
Die Punkte auf der unsichtbaren Seite
des oberen Würfels
kann man ausrechnen:

____ minus die sichtbaren Augen.

**Beispiele:** Wenn oben
3 Punkte sichtbar sind, sind unten ____.

5 Punkte sichtbar sind, sind unten ____.

2 Punkte sichtbar sind, sind unten ____.
Bei zwei Würfeln
ergibt sich die Gesamtzahl
der unsichtbaren Augen also immer
aus den Augen des unteren Würfels
plus den unsichtbaren Punkten
des oberen Würfels.

Bei drei Würfeln:
____ plus ____ plus
die unsichtbaren Punkte
des oberen Würfels.
Einfacher geht es, wenn man von ____
(bei zwei Würfeln) oder von ____
(bei drei Würfeln) die Punktezahl
des oberen Würfels ____________.

# Zaubertrick: Unsichtbare Würfelpunkte

**Beispiele:**

**Sichtbar sind vier Punkte:**

Bei zwei Würfeln: ________ minus ______ = _______ Punkte sind unsichtbar.

Bei drei Würfeln: ________ minus ______ = _______ Punkte sind unsichtbar.

**Sichtbar sind zwei Punkte:**

Bei zwei Würfeln: ________ minus ______ = _______ Punkte sind unsichtbar.

Bei drei Würfeln: ________ minus ______ = _______ Punkte sind unsichtbar.

**Sichtbar sind sechs Punkte:**

Bei zwei Würfeln: ________ minus ______ = _______ Punkte sind unsichtbar.

Bei drei Würfeln: ________ minus ______ = _______ Punkte sind unsichtbar.

Die unsichtbaren Punkte sind:

________ minus ________

= _______

Die unsichtbaren Punkte sind:

________ minus ________

= _______

Hier kannst du dir
eine viereckige Röhre basteln,
die über drei normale Würfel passt.
Die obersten Punkte
kannst du trotzdem sehen.

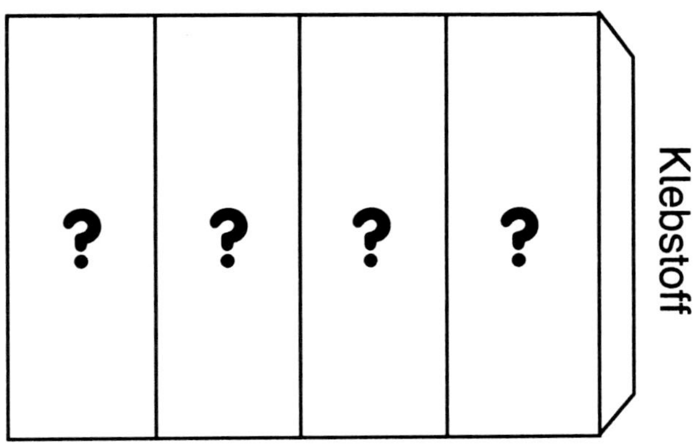

| 1 | 2 | 3 | 4 |
|---|---|---|---|
| X | X | X | X |

# Zahlengewimmel

**Lernziele:** Wiedererkennen von Zahlen und Zahlenfolgen beliebiger Länge, Übungen zur Steigerung der Rechenfertigkeit und der Lesefertigkeit im Bereich Zahlen, Steigerung der Konzentrationsfähigkeit

**Dauer:** beliebig

**Material:** Kopien des Arbeitsblattes (Kopiervorlage S. 72) in Klassenstärke, Buntstifte; evtl. OH-Projektor, Folienschreiber

**Vorbereitung:** Kopieren der Arbeitsblätter

**So geht es:** Im Zahlengewimmel auf dem Arbeitsblatt sollen die SchülerInnen so schnell wie möglich bestimmte Zahlenkombinationen finden und sie bunt umranden.

**Varianten:** Es können mit wenig Aufwand die Zahlengewimmel selbst hergestellt und an das Leistungsniveau bzw. die Zielsetzung angepasst werden.

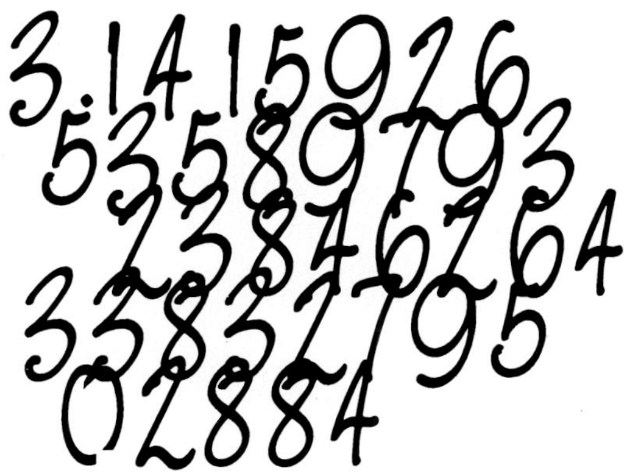


❂ Möglichkeiten der Selbsttätigkeit durch die Schüler sind vielfältig gegeben:
Zum Beispiel können selbst Suchaufgaben (auch für längere Zahlenfolgen) gegeben werden. „Ich sehe eine Zahlenfolge von 387186593" (an die Tafel schreiben lassen). Projektion des Zahlengewimmels mittels Folie, sodass alle Schüler gemeinsam suchen können.

❂ Kettenrechnungen werden von Schülern gestellt. Das Ergebnis muss gesucht werden, wettbewerbsmäßig.

❂ Konzentrationsübungen: Innerhalb einer Minute so viele Dreien, (Einsen, Zweien, Vieren, ...) durchstreichen wie möglich ...

❂ Schnelllesen mit Schwierigkeiten: Über Projektion oder mit Hilfe des Blattes möglichst fehlerfreies Vorlesen einer/zweier/dreier Zeile(n). Bei jeder 5 ... muss statt des Wortes „fünf" ein von den Schülern bestimmtes Quatschwort eingesetzt werden: „Eins zwei drei Holterdipolter Holterdipolter sechs neun ..."

❂ Trainieren der Merkfähigkeit: Folie wird aufgelegt, projiziert. Der Lehrer deckt alles ab mit Ausnahme von vier/sechs/zehn ... Zahlen aus der Mitte. Diese Zahlenfolge sollen sich die Kinder mehrere Sekunden lang einprägen. Dann wird der Projektor ausgemacht. Die SchülerInnen überprüfen nun ihr Zahlengedächtnis und versuchen, die gemerkte Zahlenfolge auf ein Blatt aufzuschreiben. Der Projektor wird wieder angemacht und die Zahlenfolgen miteinander verglichen.

# Zahlengewimmel

1235569783058739821710329487578124029458592764957929
3759208166501812375095642720185767239305467109173490
5956045687620918457962984527679383764292109387659 34
8515968475968745687488729237202939847293847893457 20
9357896789238923049687340349643939335863457239234 5
7439303456945671696298456793837642921093871865934 85
968475968745687488729237202939847293847893457209 35
789678923892332049687340349643939335863496874568 74
887292372029398472938478934572093578967892389230 49
687340321496439393358634572392345743930345694567 96
298456793837642921093876593485968475968745687488 729
2372029398472938 47

Suche im Zahlengewimmel folgende Zahlenkombinationen und umrande sie mit einem farbigen Stift:
35, 76, 44, 92, 73, 84, 85, 39, 46, 87

1235569783058739821710329487578124029458592764957929
3759208166501812375095642720185767239305467109173490
595604568762091845796298452767938376429210938765934
851596847596874568748872923720293984729384789345720
935789678923892304968734034964393933586345723923 45
743930345694567169629845679383764292109387186593485
968475968745687488729237202939847293847893457209357
896789238923320496873403496439393358634968745 6874
887292372029398472938478934572093578967892389230 49
6873403214964393933586345723923457439334569456 7962
98456793837642921093876593485968475968745687488729
2372029398472938 47

Suche im Zahlengewimmel folgende Zahlenkombinationen und umrande sie mit einem farbigen Stift:
687, 568, 475, 9687, 43, 457, 9335, 384

| 1 | 2 | 3 | 4 |
|---|---|---|---|
| | X | X | X |

# Ist doch logisch!

**Lernziele:** Logisches, bewegliches Denken, Anwenden der Grundrechenarten

**Dauer:** beliebig

**Material:** Kopien des Arbeitsblattes (Kopiervorlage S. 79) in Klassenstärke, eine Kopie auf OH-Folie, Schreibstifte, Folienstifte, OH-Projektor

**Vorbereitung:** Kopieren des Arbeitsblattes in Klassenstärke

**So geht es:**

➡ Wie auf dem Arbeitsblatt angegeben: Es soll die Regel gefunden werden, nach der die Reihen aufgebaut sind. Jeweils die nächsten beiden Zahlen sind zu finden.

➡ Wichtig ist die Fortsetzung durch die Schüler selbst. Hier sollten Sie Folienstreifen und Stifte bereithalten, damit die gefundenen Reihen später der gesamten Klasse vorgestellt werden können.
Nebenbei entsteht so für Sie selbst eine Sammlung an Kopfrechenübungen, die schnell und ohne Aufwand eingesetzt werden können.

**Lösungen:**

**1.** minus 2 und minus 3 abwechselnd;
zu ergänzen sind 73 und 70

**2.** jeweils die übernächste Zahl plus 3;
64 und 47

**3.** mal 3 minus 3 abwechselnd;
126 und 123

**4.** plus 3 geteilt durch 2 abwechselnd;
8 und 4

**5.** plus 2, 3, 4, 5, 6 ...;
73 und 82

**6.** minus 4 minus 3 abwechselnd;
35 und 32

**7.** mal 2 minus 2 abwechselnd;
68 und 66

**8.** geteilt durch 2 plus 4 abwechselnd;
16 und 20

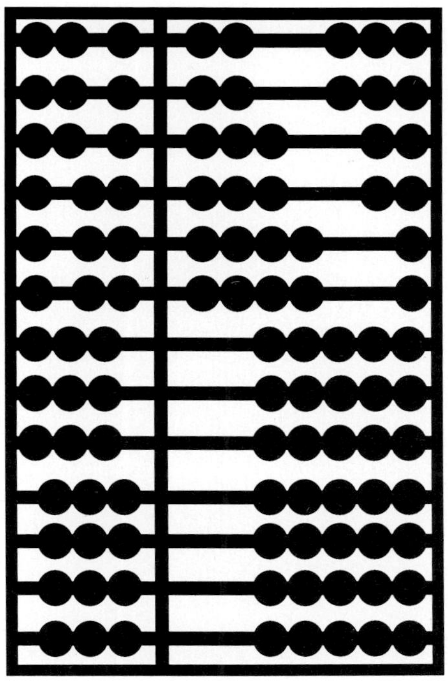

# Ist doch logisch!

Bei jeder dieser Zahlenreihe ist ein „Trick“ dabei!

❂ Findest du die nächsten beiden Zahlen?
Es hilft dir, wenn du über die Zahlenreihen schreibst,
was jeweils passiert!

1. 90 88 85 83 80 78 75 ____ ____
2. 35 55 38 58 41 61 44 ____ ____
3. 3 9 6 18 15 45 42 ____ ____
4. 19 22 11 14 7 10 5 ____ ____
5. 38 40 43 47 52 58 65 ____ ____
6. 60 56 53 49 46 42 39 ____ ____
7. 6 12 10 20 18 36 34 ____ ____
8. 200 100 104 52 56 28 32 ____ ____

❂ Jetzt bist du selbst dran!
Denke dir eine Regel aus
und schreibe Zahlenreihen.
Dein Nachbar oder deine Nachbarin
soll die Reihe
dann richtig weiterschreiben!

| 1 | 2 | 3 | 4 |
|---|---|---|---|
| X | X | X | X |

# Suche den Zaunkönig!

**Lernziele:** Steigerung der Rechenfertigkeit bezüglich der Grundrechenarten, bewegliches Denken, Reversibilität

**Dauer:** beliebig

**Material:** Arbeitsblätter, die mit Vorgaben versehen werden, Schreibstifte, evtl. OH-Projektor und Folienschreiber

**Vorbereitung:** Die Arbeitsblätter erstellen und in Klassenstärke fotokopieren.

**So geht es:**

➥ Unter Verwendung der vier Grundoperationen (bzw. nur zweier davon) sollen vier, fünf ... Zahlen rechnerisch so miteinander verknüpft werden, dass ein möglichst kleines Ergebnis (der „Zaunkönig“) entsteht.

Die Zahlen 1, 2, 3, 4, 5 können z.B. so verknüpft werden (Eintrag jeweils auf dem Arbeitsblatt):

| | oder: | oder: |
|---|---|---|
| 1 + 4 = 5 | 5 - 1 = 4 | 4 x 3 = 12 |
| 5 x 3 = 15 | 4 x 4 = 16 | 12 : 2 = 6 |
| 15 : 5 = 3 | 16 + 2 = 18 | 6 + 5 = 11 |
| 3 - 2 = 1 | 18 : 3 = 6 | 11 - 1 = 10 |

(Die erste Möglichkeit ist ein Zaunkönig! Gibt es mehrere?)

➥ Es hat sich bewährt, gefundene Lösungen von den Schülern selbst auf Folienteile schreiben zu lassen. So können die verschiedenen Möglichkeiten gleichzeitig gegenübergestellt (und natürlich kontrolliert!) werden.

**Variante:**

✪ Ein großer Vorteil dieser spielerischen Form sind die vielfältigen Möglichkeiten zur Variation. Ohne Aufwand kann die Grundform an das jeweilige Rechengebiet bzw. an das spezielle Leistungsniveau angepasst werden.

✪ Variation durch Vorgabe der Zahlen und der erlaubten Operationszeichen (z.B. kann eines zweimal verwendet werden).

✪ Selbstverständlich kann man auch den „Adler“ suchen (das größte Ergebnis).

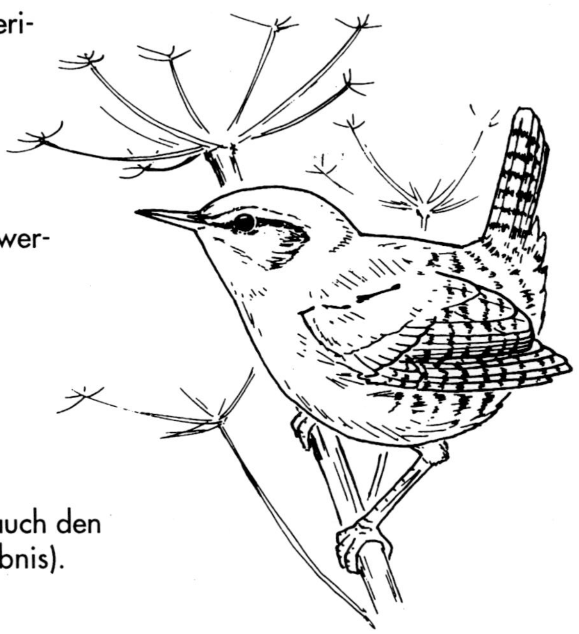

# Suche den Zaunkönig!

❂ Verwende alle Operationszeichen und diese Zahlen:

______________________________

_____ _____ _____ = _____

_____ _____ _____ = _____

_____ _____ _____ = _____

_____ _____ _____ = _____

❂ Verwende alle Operationszeichen und diese Zahlen:

______________________________

_____ _____ _____ = _____

_____ _____ _____ = _____

_____ _____ _____ = _____

_____ _____ _____ = _____

❂ Verwende alle Operationszeichen und diese Zahlen:

______________________________

_____ _____ _____ = _____

_____ _____ _____ = _____

_____ _____ _____ = _____

_____ _____ _____ = _____

❂ Verwende alle Operationszeichen und diese Zahlen:

______________________________

_____ _____ _____ = _____

_____ _____ _____ = _____

_____ _____ _____ = _____

_____ _____ _____ = _____

❂ Verwende alle Operationszeichen und diese Zahlen:

______________________________

_____ _____ _____ = _____

_____ _____ _____ = _____

_____ _____ _____ = _____

_____ _____ _____ = _____

**Mathematik, Deutsch**

| 1 | 2 | 3 | 4 |
|---|---|---|---|
| | | X | X |

# Das gibt's doch nicht!

**Lernziele:** logisches Denken, Anwenden der bereits erlernten Lösungshilfen, Erklären eines Lösungsweges, Aufstellen von Hypothesen, bewegliches Denken, grafische Darstellung

**Dauer:** 45 Minuten

**Material:** Kopien des Arbeitsblattes in Klassenstärke (Kopiervorlage S. 83), evtl. Schreibstifte

**Vorbereitung:** Fotokopieren des Arbeitsblattes

**So geht es:**

➥ Am besten lesen Sie die „Sachaufgabe" auf der nächsten Seite (Schülerarbeitsblatt) zunächst selbst. Bitte blättern Sie um! Wirklich!

➥ Nun – haben Sie auf Anhieb die Lösung? Finden Sie sie nach kurzem Nachdenken? Immer noch nicht?

➥ Vielleicht sollten wir den Ablauf nochmals übersichtlich darstellen?

10.- DM plus 10.- DM plus 10.- DM sind
30.- DM → das ist zu viel, weil der Ball nur 25.- DM kostet.
Also:

5.- DM zurück! Davon behält der Verkäufer unehrlicherweise 2.- DM. Er kommt also bei den Kindern mit 3.- DM an. Jeder der 0drei erhält 1.- DM zurück, hat also nur 9.- DM bezahlt.

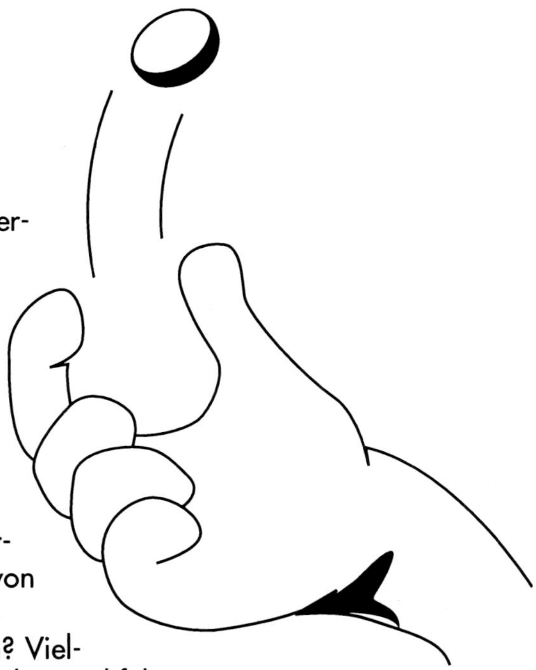

Drei mal neun DM sind 27.- DM. Dazu die 2.- DM aus der Verkäuferhosentasche ergibt einen Betrag von 29.- DM! Verflixt!
Oder doch nicht? Warum eigentlich? Vielleicht nehmen Sie mal Ihr Portmonee her und führen das alles auf der konkreten Ebene durch! Sie als LehrerIn werden doch ...

Können Sie sich Ihre selbstsicheren Dritt- und vor allem Viertklässler vorstellen, wenn sie damit konfrontiert werden? Sie brauchen zunächst ja gar nicht zugeben, dass Sie selbst die Lösung auch nicht kennen! Vielleicht erklärt Ihnen einer Ihrer Schüler, warum, wohin, ...

# Das gibt's doch nicht!

Drei Kinder kaufen einen Fußball und bezahlen 30 DM.

Kaum sind sie aus dem Laden,
bemerkt der Verkäufer, dass er sich getäuscht hat:
Der Ball kostet nur 25 DM.

Er läuft den Kinder nach und denkt sich dabei:
5 DM geteilt durch 3 geht schlecht.
Deshalb steckt er 2 DM selbst ein.

Jedem Kind gibt er 1 DM zurück.
Insgesamt hat jeder also nur 9 DM bezahlt.

| | | |
|---|---|---|
| 3 • 9 DM | = | 27 DM |
| | + | 2 DM (Verkäufer) |
| | = | 29 DM. |
| 30 DM - 29 DM | = | 1 DM! |

❂ Wo ist die eine Mark geblieben???

# Werkstatt-Unterricht

## Was ist Werkstatt-Unterricht?

*Anders Weber*

Werkstatt-Unterricht als Methode, den SchülerInnen die Kontrolle über Lerngegenstand und -tempo zu geben, gewinnt immer mehr Anhänger – eine Methode, die das Unterrichtsgeschehen für alle daran Beteiligten wesentlich entlastet, wenn man weiß, wie's geht. Diese Broschüre erklärt step by step und sehr anschaulich: Was ist eine Werkstatt, und wo liegen ihre Stärken und Schwächen? Punkt für Punkt erobern Sie sich die Bausteine einer Werkstatt. Das fängt bei der Einrichtung der Klasse an und geht über die Rolle der Lehrperson bis zu direkt einsetzbaren Kontrollbögen und Wochenarbeitsplänen.
„Was ist Werkstatt-Unterricht" ist weit mehr als ein Appetitanreger.
Es ist schon ein echtes Handbuch für alle, die Werkstatt-Unterricht endlich selber ausprobieren wollen und sich bis jetzt noch nicht getraut haben.

68 S., A5, Pb.
ISBN 3-86072-377-4
**Best.-Nr. 2377**
**11,80 DM**/sFr/86,- öS

### Es war einmal ...

*Die Werkstatt zu Märchen*

*Christine Mell*

Ab Kl. 3, 58 S., A4, Papph.
ISBN 3-86072-471-1
**Best.-Nr. 2471**
**31,20 DM**/sFr/228,- öS

### Die Wörterbuch-Werkstatt

*Martin Zeller*

Ab Kl. 2, 49 S., A4, Papph.
ISBN 3-86072-493-2
**Best.-Nr. 2493**
**33,20 DM**/sFr/242,- öS

### Leonardo da Vinci für Kinder

**Neu!**

*Eine Werkstatt*

*Barbara Schubert*

Ab Kl. 3, 62 S., A4, Papph.
ISBN 3-86072-603-X
**Best.-Nr. 2603**
**36,- DM**/sFr/263,- öS
**(erscheint 1. Quartal 2001)**

### Blaues Pferd und grüne Kuh

*Eine Franz Marc-Werkstatt*

*Barbara Schubert*

Ab Kl. 1, 48 S., A4, Papph.
ISBN 3-86072-484-3
**Best.-Nr. 2484**
**31,20 DM**/sFr/228,- öS

**Neu!**

### „... er hat überhaupt nicht gebohrt!"

*Eine Werkstatt zur Zahngesundheit*

*Sabine Willmeroth, Brigitte Moll*

Ab Kl. 2, 75 S., A4, Papph.
ISBN 3-86072-561-0
**Best.-Nr. 2561**
**38,- DM**/sFr/277,- öS

### Die Feuer-Werkstatt

*Feuer, Feuerwehr und Brandschutz*

*Katja Rodemann, Markus Schneider*

Ab Kl. 1, 70 S., A4, Papph.
ISBN 3-86072-474-6
**Best.-Nr. 2474**
**38,- DM**/sFr/277,- öS

### Die Stein-Werkstatt

*Marina Wißler, Kathrin Zindler*

Ab Kl. 3/4, 70 S., A4, Papph.
ISBN 3-86072-441-X
**Best.-Nr. 2441**
**38,- DM**/sFr/277,- öS

### Die Zeit- und Uhren-Werkstatt

*Frauke Jansen*

Ab Kl. 2, 59 S., A4, Papph.
ISBN 3-86072-451-7
**Best.-Nr. 2451**
**33,20 DM**/sFr/242,-öS

**Neu!**

### Ach du schöne Sch...!

*Eine Werkstatt zum „Klo – hier und anderswo"*

*Anna-Maria Möhring, Silvia Schubert*

Ab Kl. 3, 50 S., A4, Papph.
ISBN 3-86072-478-9
**Best.-Nr. 2478**
**33,20 DM**/sFr/242,- öS

### Die Müll-Werkstatt

*Iris Odenthal, Karolin Willems*

Ab Kl. 3, 62 S., A4, Papph.
ISBN 3-86072-563-7
**Best.-Nr. 2563**
**35,- DM**/sFr/256,- öS

**Neu!**

### Die Weltraum-Werkstatt

*Diana Blum*

Kl. 2–5, 62 S., A4, Papph.
ISBN 3-86072-434-7
**Best.-Nr. 2434**
**36,- DM**/sFr/263,- öS

**Neu!**

### Flugzeuge, Vögel und was sonst noch fliegt

*Eine Werkstatt*

*Uta Brumann*

Ab Kl. 3, 60 S., A4, Papph.
ISBN 3-86072-564-5
**Best.-Nr. 2564**
**36,- DM**/sFr/263,- öS
**(erscheint 1. Quartal 2001)**

Verlag an der Ruhr · Postfach 10 22 51 · D-45422 Mülheim an der Ruhr
Tel.: 0208/495040 · Fax: 0208/4950495 · e-mail: info@verlagruhr.de · http://www.verlagruhr.de

## Die Europa-Werkstatt

*Anne-Mareike und Rainer Endrigkeit*

Ab Kl. 3, 84 S., A4, Papph.
ISBN 3-86072-473-8
**Best.-Nr. 2473**
**38,- DM**/sFr/277,- öS

## Nordrhein-Westfalen

Neu!

*Eine Werkstatt*

*Anne-Mareike und Rainer Endrigkeit*

Ab Kl. 3, 70 S., A4, Papph.
ISBN 3-86072-582-3
**Best.-Nr. 2582**
**38,- DM**/sFr/277,- öS

Neu!

## Die Schokoladen-Werkstatt

*Caroline Dröge*

Ab Kl. 3, 65 S., A4, Papph.
ISBN 3-86072-558-0
**Best.-Nr. 2558**
**36,- DM**/sFr/263,- öS

## Die Zoo-Werkstatt

*Iris Odenthal, Karolin Willems*

Ab Kl. 3, 75 S., A4, Papph.
ISBN 3-86072-476-2
**Best.-Nr. 2476**
**38,- DM**/sFr/277,- öS

## Die Kartoffel-Werkstatt

*Sabine Willmeroth, Anja Rösgen*

Ab Kl. 3/4, 76 S., A4, Papph.
ISBN 3-86072-382-0
**Best.-Nr. 2382**
**38,- DM**/sFr/277,- öS

Neu!

## Vom Acker zum Bäcker

*Eine Werkstatt zu Korn und Co.*

*Sabine Willmeroth, Anja Rösgen*

Ab Kl. 2, 60 S., A4, Papph.
ISBN 3-86072-560-2
**Best.-Nr. 2560**
**38,- DM**/sFr/277,- öS

## Die Weihnachts-Werkstatt

*Sabine Willmeroth, Anja Rösgen, Brigitte Moll*

Ab Kl. 2, 62 S., A4, Papph.
ISBN 3-86072-469-X
**Best.-Nr. 2469**
**38,- DM**/sFr/277,- öS

## Löwenzahn und Frühlingswiese – Eine Werkstatt

*Ursula Arndt*

Ab Kl. 2, 72 S., A4, Papph.
ISBN 3-86072-477-0
**Best.-Nr. 2477**
**38,- DM**/sFr/277,- öS

## Die Regenwurm-Werkstatt

*Corinna Locker*

Kl. 3–4, 57 S., A4, Papph.
ISBN 3-86072-435-5
**Best.-Nr. 2435**
**31,20 DM**/sFr/228,- öS

## Die Hunde-Werkstatt

*Stephanie Cech*

Ab Kl. 2, 53 S., A4, Papph.
ISBN 3-86072-475-4
**Best.-Nr. 2475**
**31,20 DM**/sFr/228,- öS

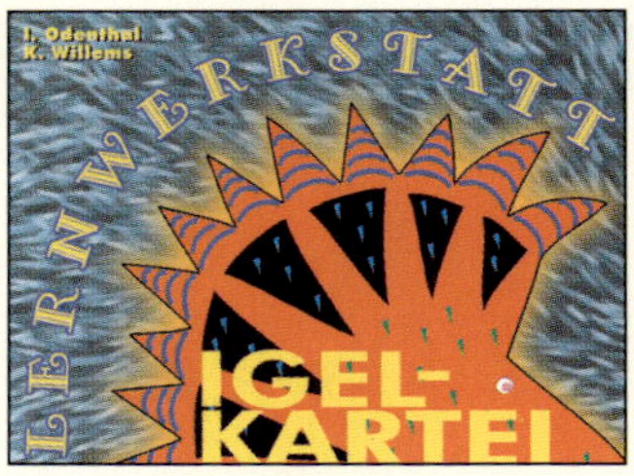


## Die Igel-Kartei

*Eine Lernwerkstatt*

*Iris Odenthal, Karolin Willems*

Ab Kl. 3, 60 S., A4, Papph.
ISBN 3-86072-345-6
**Best.-Nr. 2345**
**33,20 DM**/sFr/242,- öS

Neu!

## Die Katzen-Werkstatt

*Stephanie Cech-Wenning*

Ab Kl. 2, 65 S., A4, Papph.
ISBN 3-86072-601-3
**Best.-Nr. 2601**
**36,- DM**/sFr/263,- öS
**(erscheint 1. Quartal 2001)**

## Die Herbst-Werkstatt

*Sabine Willmeroth, Anja Rösgen*

Ab Kl. 2, 76 S., A4, Papph.
ISBN 3-86072-439-8
**Best.-Nr. 2439**
**38,- DM**/sFr/277,- öS

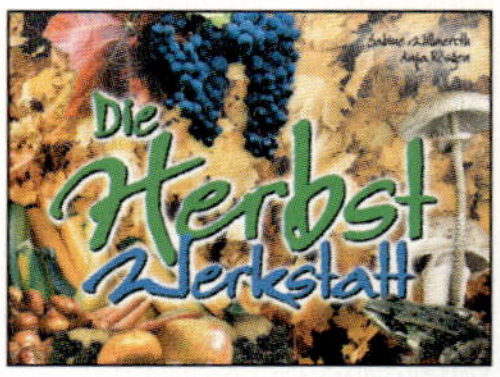


## Die Winter-Werkstatt

*Sabine Willmeroth, Anja Rösgen*

Ab Kl. 2, 74 S., A4, Papph.
ISBN 3-86072-440-1
**Best.-Nr. 2440**
**38,- DM**/sFr/277,- öS

## Die Frühlings-Werkstatt

*Sabine Willmeroth, Anja Rösgen*

Ab Kl. 2, 75 S., A4, Papph.
ISBN 3-86072-399-5
**Best.-Nr. 2399**
**38,- DM**/sFr/277,- öS

## Die Sommer-Werkstatt

*Sabine Willmeroth, Anja Rösgen*

Ab Kl. 2, 75 S., A4, Papph.
ISBN 3-86072-472-X
**Best.-Nr. 2472**
**38,- DM**/sFr/277,- öS